Roland Mierzwa
Ethische Perspektiven der Inklusion

Roland Mierzwa

Ethische Perspektiven der Inklusion

Tectum Verlag

Roland Mierzwa
Ethische Perspektiven der Inklusion

ISBN 978-3-8288-4506-0
ePDF 978-3-8288-7544-9

Umschlaggestaltung: Tectum Verlag, unter Verwendung des Bildes # 383743537
von Denis Kuvaev | shutterstock.com

Druck und Bindung: docupoint GmbH, Barleben
Printed in Germany

Besuchen Sie uns im Internet
www.tectum-verlag.de

Bibliografische Informationen der Deutschen Nationalbibliothek
Die Deutsche Nationalbibliothek verzeichnet diese Publikation
in der Deutschen Nationalbibliografie; detaillierte bibliografische
Angaben sind im Internet über http://dnb.d-nb.de abrufbar.

Vorwort

Cornelia Coenen-Marx stellt fest, dass Inklusion nicht nur eine technische Frage ist, sondern dass wir auch wertschätzen, „was Menschen in Krisen und Grenzerfahrungen lernen. Unser Verständnis von Segen und Erfolg muss sich ändern" (2017, 114). Inklusion ist gelungen, stellt sie fest, wenn Menschen zu einer inneren Stimmigkeit finden. Und sie weist darauf hin, dass die Kirche noch ein tüchtiges Stück Weg vor sich hat, wenn sie Inklusion im umfassenden Sinn realisieren möchte (vgl. S. 268f.). Ja indem Inklusion noch nicht „ganz" realisiert wird, wird sogar das Christliche, das verkündigt wird und wofür die Kirche einstehen müsste, verfälscht und kann sogar im Raum der Kirche verloren gehen (vgl. auch Coenen-Marx, 2014, 241 und 2015 mit Blick auf die Erklärung des Zentralausschusses des Ökumenischen Rats der Kirchen von 2003 zu Inklusion). In diesem Zusammenhang fallen mir auf der Grundlage langjähriger Erfahrungen persönliche Hinweise von Pastores ein, dass in der evangelischen Kirche bei der Einstellungspraxis von Hauptamtlichen Inklusion eigentlich gar nicht gelebt wird und man der Einstellung von Behinderten tunlichst aus dem Weg geht.

Mit Blick auf die Demokratie weist Stephan Lessenich (2019) darauf hin, dass Demokratien erst dann Demokratien in vollem Umfang sind, wenn sie im umfassenden Sinne „gesellschaftliche Inklusionsmaschinen" werden (vgl. zu Begriff S. 25). Dafür müsste aber die „Entpolitisierung" des Themas Inklusion zurückgelassen werden, so Uwe Becker (vgl. 2016, 162f.) und mehr Ressourcen mobilisiert werden sowie der Ansatz der Barrierefreiheit konsequenter in der Gestaltung des Gemeinwesens in Anschlag gebracht werden. Die Demokratie kennt die Unterscheidung zwischen Bürgern erster und zweiter Klasse (vgl. Lessenich, 2019, 41) und eigentlich auch dritter Klasse, wenn man genauer die Situation von behinderten Mitbürgern betrachtet. So erkennen mit Blick auf Ausbildung spätestens dann die Kinder und Jugendlichen mit Behinderung, dass das System den Zutritt zur Erwerbsarbeit verweigert (vgl. Becker, 2016, 165). „Erst 2019 hat der Bundestag den bis dahin bestehenden Wahlrechtsausschluss voll betreuter behinderter Menschen aufgehoben, von dem zuletzt etwa 80000 Personen betroffen waren“ (Lessenich, 2019, 44).

Und es sollte nicht unerwähnt bleiben, wie stark Behinderung in der Gesellschaft auch damit zusammenhängen kann, wie Medikamente in den Umlauf kommen – siehe zum Beispiel Contergan oder Pandemrix®. So ist es entscheidend für eine gute Inklusionskultur wie stark unser „kapitalistisches“ Pharmasystem „kritisch“ aufgearbeitet wird. Dazu gehört die Arbeit an einer „Erinnerungskultur“, einer „Verantwortungskultur“ und einer „gerechten Rechtskultur“. Die Inklusionspraxis ist nur so gut, wie der Staat sich eingestehen kann (vgl. Drucksache des Deutschen Bundestages 18/5819 vom 24.08.2015), dass Behinderungen eine Konsequenz des „real existierenden Gesundheitssystems“ sein können.

Inhaltsverzeichnis

1. Kapitel: Hindernisse für ein radikales Inklusionsengagement

Andreas Lob-Hüdepohl (2014) weist darauf hin, dass die Inklusion von Menschen mit Behinderungen von den Barrieren – bewusst oder unbewusst – in den Köpfen der Mehrheitsgesellschaft abhängig ist. Hier entscheidet sich, wie man über lebenswertes und gelingendes Leben urteilt. Das ist auch bei Christen zu entdecken; diese nehmen Menschen mit Behinderungen überwiegend als defizitäre Menschen wahr. In ihren Reaktionen und Handlungsmustern lassen sie Menschen mit Behinderungen und deren „Angehörige" und „Freunde" Abwertung spüren (vgl. S. 226). Es wird dabei gar nicht oder kaum realisiert, dass die soziale Umwelt durch ihre spezifischen Reaktionen auf einen versehrten Menschen zum Co-Akteur eines Geschehens wird, „in dem sich dessen Behinderung ereignet und so besehen sozial inszeniert wird" (vgl. S. 228). Siehe auch den Hinweis bei Sabine Schäper zur kirchlichen „Hinterbühne" (vgl. dies., 2014, 59f.).

1.1. Ein theologisches Hindernis[1]

Mit dem Gedanken der Theosis wird landläufig die Menschwerdung Gottes allein auf Jesus bezogen und bleibt Jesus allein vorbehalten. Das Gott-Gleich-Werden wird als exklusives Geschehen in Jesus gedacht und theologisiert. Wenn nur in Jesus Gott Mensch werden kann, dann werden behinderte Menschen prinzipiell davon ausgeschlossen und für das „ganze" Panorama von Menschwerdung bleiben Behinderte außen vor (verlängert U. Bach weitergedacht vgl. ders., 2006, 346f.)[2].

---

1 Diese Ausführungen sind angeregt durch die Nachfrage von Johannes von Lüpke (2014) nach dem, was mit dem „behinderten Gott" gemeint sein könnte.

2 Die Anmerkung 1 bei Andreas Lob-Hüdepohl (2010/2013, 13, Anm. 1) nahm ich durchaus zur Kenntnis, habe mich aber entschieden von Behinderten zu sprechen,

Mit dem Gedanken der Kenosis wird etwas an Jesus abgearbeitet, was Behinderte auf ganz natürliche Weise leben und mitbringen – es geht um die Abrüstung von Gotteskomplexen bei Menschen, um die leibhaftig lebbare Möglichkeit der Ent-Gottung des Menschen, „den freiwilligen Verzicht auf herrschaftsbetonte Attribute, die sonst dem Göttlichen zugeschrieben werden, wie Macht, Gewalt, Allwissenheit, Allgegenwart, Allmacht etc." (Engelke, 2019, 65).

Behinderte, lässt man es zu, auch bei ihnen die Möglichkeit der Menschwerdung Gottes zu sehen, brauchen keine Kenosis, weil bei ihnen nicht die Gefahr besteht, dass es hinterrücks zu einer Übersteigerung von Macht und Gewalt kommt.

Und das Konzept der Menschwerdung, wie es durch Jesus durchbuchstabiert wird, bekommt durch Behinderte neue Facetten. Lässt man Behinderte in das theologische Überlegen zu Theosis und Kenosis hinein, dann erfährt das Projekt der Vermenschlichung der Menschheit eine ganz neue Weite – man denke nur an die ungeahnten Fähigkeiten der Empathie von Trisomie 21-Menschen; man denke nur an das besondere Gespür für aversiven Stress durch latente Gewalt (von Systemen) bei ehemals Psychose-Erkrankten; man denke nur an das Lebensgefühl und den Eigenwert der Langsamkeit, den Gehbehinderte durch ihre Existenz transportieren. Behinderte müssen nicht „ausdrücklich", wie Jesus, auf alle Gewalt und Herrschaft verzichten; sie können es, sie leben es und sie bezeugen es. Das, was bezüglich darauf, in Jesus zu Tage trat, tritt mit jedem behinderten Leben neu zu Tage – eine leibhaftige Absage an den Gotteskomplex (vgl. auch Coenen-Marx, 2015 mit Blick auf die Erklärung des Zentralausschusses des Ökumenischen Rats der Kirchen von 2003 zur Inklusion).

Mit dem Blick auf die Behinderten brauchen wir keinen Gott, der sich über Jesus entmachtet. An der Seite von Behinderten zu leben und mit ihnen liebevoll das Leben zu teilen ist eine bekennende existenzielle Entmachtung aller, die dem Gotteskomplex huldigen, sei es Menschen selbst oder in den Gottesbildern „ihrer" Religion. Der Gott, der in den Schwachen mächtig ist, wird beseitigt und der Gott, der in den

weil jene mit dem Begriff ganz selbstverständlich eine Selbstauskunft geben, ohne hierbei eine Selbststigmatisierung zu betreiben. Mir ist die Vielfalt der Begriffe hierzu bewusst (vgl. EKD, 2015, 60f.).

Behinderten leibhaftig ist, wird durch das Zeugnis derer sichtbar, die in Liebe behindertes Leben begleiten.

Die Menschen in ihrer Ganzheit kann man nur ansprechen, wenn man aus einem gelebten Dialog mit behinderten Leben kommt. Der Sinn für Verwundbarkeit und Verletzbarkeit des Menschen und den Umgang in Würde und Respekt damit vermögen vor allem nur diejenigen, die das Leben mit Behinderten geteilt haben, die selbst behindert sind, weil sie es existenziell verstanden haben und gelernt haben damit zu leben. Und so wissen sie wie umfassend und grundlegend eigentlich die Kenosis sein müsste.

Menschen, die intensiv an der Seite von Behinderten gehen und gingen, erfuhren eine innere Umwandlung zu mehr Mensch-Sein, man kann auch sagen: sie machten tatsächlich eine Auferstehungserfahrung.

Durch Behinderte verwandelt sich das Zusammensein der Menschen auf mehr Fürsorge und Mitgefühl hin und so begreifen Menschen darüber mehr die Gottesrealität.

Aber solange wir nicht die letzten Funken von Regeln und Mechanismen der Allmacht, der Herrschaft, der Gewalt, des Ermächtigungswahns mit Blick auf Gott zurücklassen, werden wir im Zusammenhang von „Kirche“ Inklusion nicht wirklich leben und realisieren können (vgl. hier auch bei: EKD, 2015, 43f.).

1.2. „Inneres Ausland“ als Hindernis für Inklusion

Gar nicht so selten verlagern wir unsere Fremdheit mit uns selbst weit nach außen zu den behinderten Menschen. Das hängt auch damit zusammen, dass wir nicht reflexiv mit unserer Leiblichkeit umgehen. Behinderte zum menschlichen Ausland zu machen kann eine Verschleierungsstrategie sein, um nicht mit dem „Ausland“ von einem selbst konfrontiert zu werden[3]. Es gibt eine fehlende Akzeptanz von Schwächen und Unzulänglichkeiten und eine Verleugnung von fragmentari-

3 „Er (Jesus R.M.) nimmt den ‚Gesunden‘ und ‚Normalen‘ die Möglichkeit, durch die Abwertung, ja Dämonisierung von Kranken und Behinderten all das auf sie hin zu projizieren, was sie selbst als ‚abstoßend Fremdes‘ und ‚Fremdseelisches‘ deuten und deshalb – im eigentlichen Sinne des Wortes – ‚auf Abstand‘ halten wollen“ (Lob-Hüdepohl, 2014, 231f.).

schen Fähigkeiten sowie eine Verleugnung von Zorn über Be-Hinderungen im Leben. Das stellt Weichen für eine engagierte oder nicht engagierte Inklusion von Behinderten. Sich darum zu bemühen, sich selbst besser zu verstehen trägt hingegen dazu bei, mit Inklusionsherausforderungen konstruktiv umzugehen. Sich befreunden mit dem inneren Panorama der eigen Persönlichkeit macht eine fruchtbare Inklusionsarbeit erst möglich. Und wenn wir uns nicht mehr den „inneren Schmerz" an den „Verhältnissen" eingestehen, werden wir auch nicht zu dem „inneren Schmerz" der Behinderten an den „Verhältnissen" finden und so nicht zu entscheidenden Inklusionsherausforderungen hingelangen. Inklusion ist ein gemeinsamer Prozess des Suchens und Findens von Lebenswegen in Würde mit den Behinderten, wobei es nicht **den** Weg gibt. Dieser Prozess kann nicht am Leib vorbei erfolgen. Denn auch der „innere Schmerz" ist Leib. Der Leib bildet den existenziellen Untergrund für unsere Realisierung von Inklusionsanstrengungen (vgl. Schache, 2012, 8ff.).

1.3. Das „Leistungsdenken" als Hindernis für Inklusion[4]

Das Leistungsdenken war ursprünglich mit dem Beruf nicht verknüpft gewesen. Wenn beim „protestantischen Arbeitsethos" in Anschluss an Luther die Betonung der Arbeit als „Weltlicher Gottesdienst" verstanden wird, die sich im Dienst am Nächsten vollzieht, dann macht Luther gleichzeitig deutlich, dass Arbeit und Leistung nicht zur Rechtfertigung vor Gott beiträgt, sondern die Arbeit ist eine Antwort auf das rechtfertigende Handeln Gottes (vergl. Gremmels, 1986, Sp. 239f.). Diese Perspektive entlastet (prinzipiell R.M.) die Arbeit von absoluten Sinnansprüchen und verwehrt jede Form von Aktionismus (vergl. Wegner, 2002, 45). Diese Perspektive „bannt" auch ein Leistungsdenken, das meint sich die Zuwendung Gottes verdienen zu müssen. Es gilt „dass der Mensch nicht mit seiner Leistung und seinen Taten identisch ist, dass der Mensch von Gott vor aller Leistung geliebt und bejaht ist (...)" (Eibach, 2007, 14 s.a. 11). Mit dieser Perspektive wird die Selbstachtung des Menschen gewahrt, die unterlaufen werden würde,

4 Bearbeitete Ausführungen von Mierzwa, 2011, 347ff.

wenn er nur Anerkennung entlang von Leistungsforderungen erfahren würde. Diese Form der Arbeit stellt wenig bis kaum auf den eigenen Nutzen ab, sie dient den Menschen ohne Ansehen der Person[5]. Y. Spiegel problematisiert allerdings die zu starke Diensthaltung: „Dienst hat das Moment an sich, daß es ein einseitiger Akt ist" (ders., 1992, 94); die „Selbstliebe", die lange Zeit in den christlichen Kirchen unter Verruf stand, kommt hier zu kurz. Diesen Aspekt des „protestantischen Arbeitsethos", wenn er in einer „Überverantwortung" für andere einseitig zugespitzt ist, finden wir als Problemanzeige bei den „helfenden Berufen" mit den Begriffen „Helfer-Syndrom" oder „Burnout-Syndrom" (siehe den Hinweis auf Freundenberger in: Unger/Kleinschmidt, 2006, 76; vergl. Schmidbauer, 2007, 319–339). Auf diesen Sachverhalt weist u.a. Kristina Schulz in Bezug auf evangelische Pastoren hin. Diese arbeiten unter einer „Allzeit-bereit"-Haltung, weil das von alters her mit dem Bild des Pastors verknüpft wird, auch wenn Luther die „Endlichkeit" der Arbeit sehr wohl gesehen hatte (vergl. den „Feierabendziegel" als Symbol für das besonders schöne Stück der Tagesarbeit). Dadurch dass die Pastoren sich über Maßen beruflich verausgaben grassiert unter Pastoren das „Burnout-Syndrom" (vergl. Schulz, 2005, 401)[6]. Vergleiche zur Vertiefung des Aspektes der psychischen Ermüdung mit Blick auf das „Burnout-Syndrom" und ganz grundsätzlich zu ermüdungsähnlichen Zuständen die Ausführungen von Oppolzer (2001, 90–94) und von Christiane Färber (2001) ganz speziell zum „Burnout", die gegen den Trend nicht die „individuelle Perspektive" einnimmt, sondern auf die Arbeitsbedingungen schaut.

Die Realisierung der Erwerbsarbeit als Beruf oder als Berufung mag zwar einen religiösen Impuls gehabt haben, heute werden aber Beruf oder Arbeit als Berufung sowohl religiös als auch säkular gelebt. Dabei machte zum Beispiel das Verständnis der Berufung bei einem durchaus religiös getragenen Transformationsprozess in der Aufklärung einen Bedeutungswandel durch, der sich von dem Luthers unter-

5 Vergl. M. Luther, 1520/1948a, 5–31, vor allem 28f.; 1520/1958b; 269.278f.281.283.286; s.a. M. Luther 1529/1977, 59f.. „Das Gebot, dem Nächsten Gutes zu tun" im „Großen Katechismus"; vergl. Gremmels, 1988, 36f.

6 Traugott Jähnichen weist auf Ulrich Bachs Analyse der mentalen Verfassung der (evangelischen) Kirche hin, die u.a. sehr leistungsorientiert ist und dadurch nicht richtig zur Inklusion von Behinderten findet (vgl. Jähnichen, 2018, 465).

schied: „Berufung bedeutete bei Salzmann Eignung für einen bestimmten Beruf. Nur aus dieser ‚Berufung' erwächst wahrer Nutzen" (Schlingensiepen-Pogge, 1967, 128). Hier wird also Berufung mit einem Schuss Calvin gedacht. Nun gibt es in der Gegenwart diejenigen, die den „Beruf" als Karrierestrategie, evtl. als eine Chance zu einem erhöhten Einkommen, aber auch zum Machtgewinn oder einem gesteigerten Selbstgefühl betrachten. Hier liegt dann ein latenter „Gotteskomplex" vor (vergl. H.E. Richter, 1979 und 2006). Diese Personen sind für berufliche Gratifikationskrisen anfällig, wenn Anerkennung, Geld und Status (zu lange) ausbleiben oder hinter die Erwartung zurückfallen – das hat u.a. negative Auswirkungen auf das Herzinfarktrisiko, aber auch auf die Ausbildung eines Suchtverhalten (Alkohol; siehe zu einem starken Zusammenhang zwischen Alkoholismus und Gratifikationskrise in: Litzcke/Schuh, 2005, 13). Daneben gibt es die Menschen, die Arbeit als Berufung leben, das heißt entsprechend ihren Neigungen, aber auch als Chance, um die Welt gestalten zu können oder auch als Gelegenheit, um Verantwortung am Arbeitsplatz wahrzunehmen. Hier scheint zunächst einmal, aus gesundheitlicher Perspektive, eine günstige Situation vorzuliegen (vergl. Spitzer, 2007, 192f.).

Allerdings fällt in Anschluss an den lutherischen Traditionsstrang des protestantischen Arbeitsethos auf, dass es unter einem über den Beruf katalysierten Leistungsethos nicht nur zu einer Intensivierung des Leistungsparadigmas (vergl. dazu die Überstunden, die in manchen Berufen zum „Statussymbol" gehören [vergl. z.B. von Ferber, 1996, 294]; vergl. auch die Diskussion zu den Gefahren der Selbstausbeutung unter dem Regime der „Vertrauenszeit"), sondern auch zu einer extremen zeitlichen und tätigkeitsrelevanten Ausweitung des Berufsethos kommt. Und das betrifft Erwerbstätige beider Haltungen – diejenigen 1) Vor dem Hintergrund von Berichten über die gesundheitsfördernde und die (berufliche) Arbeitsfähigkeit optimierende Wirkung des Sportes (vergl. z.B. Carmichael (Heissmann/Koch), 2007) nimmt die Nachfrage nach einer steigenden sportlichen Tätigkeit privat, in Vereinen oder von Angeboten der VHS in Verbindung mit den Krankenkassen zu. Hier problematisieren Unger und Kleinschmidt Sport, wenn er als „süchtig-zwanghaftes" Verhalten praktiziert wird. Sport wird dann, wenn er als ein übermäßiges exzessives Sporttreiben ausgeübt wird zu einem zusätzlichen Stressfaktor, der ein Erschöpfungssyndrom verschleiert oder sogar bei exzessiv zwanghafter Anwendung verschlimmert (vergl. Unger/Kleinschmidt, 2006, 100f.). 2) Schließlich ist auf die verstärkte berufsinduzierte Nachfrage von ehrenamtlichen Engagement zu schauen – auch vor dem Hintergrund der Doppelgestalt des lutherischen Berufsethos („Berufspflichten" und „Sozialpflichten"): Ehrenamtliches Engagement, um den „Sozialpflichten" (vergl. zu den Sozialpflichten Graf, 1999b, 657) gegenüber dem Gemeinwesen zu genügen; Ehrenamtliches Engagement zum Zweck der Netzwerkbildung (informelle Kontakte), die eventuell beruflich verwendbar ist; ehrenamtliches Engagement um die „soft skills" (z.B. Empathiefähigkeit, soziale Kompetenz [Kommunikationsfähigkeit], Lebensweltperspektive) zu optimieren – dies ist vor allem bei Führungskräften zu beobachten[7]; schließlich wird der mit dem Berufsbegriff verbundene „Statusgedanke" (Aspekt der gesellschaftlichen Anerkennung) erweitert und der Statusanspruch u.a. durch die Annahme sozial attraktiver ehrenamtlicher Vorstandsarbeit erweitert und gefestigt[8]; und dann muss noch auf die in der Diskussion immer wieder erwähnten verbesserten Bewerbungschancen durch den Nachweis ehrenamtlichen Engagements erwähnen (vergl. z.B. Hofert, 2006, 86)[9]. 3)

7 Vergleiche in diesem Zusammenhang die Ausführungen zum „Corporate Volunteering" (Schönig/Krauß, 2002), wozu auch das Konzept „Seitenwechsel®" gehört. Ebenfalls in diesem Zusammenhang muss man das Projekt „*switch* – die andere Seite©" sehen – hier wären die Stadt München und Siemens zu erwähnen (vergl. Bertel, 2002).

8 Dies wird vor allem als ein Reflex bei Männern im Jahr 1999 beobachtet. Jetzt in Bezug auf Statistiken zum Freiwilligenengagement wird festgestellt: „Die mehrheitlich durch Männer besetzten Bereiche Politik/politische Interessenvertretung (73%) und berufliche Interessenvertretung (69%), sind solche, in denen die Entscheidungen, die Arbeitsplatz, Gemeinwesen und Gesellschaft betreffen, gefällt werden. Für sie gilt: die dort Arbeitenden leisten ihre Arbeit nicht anstelle bezahlter Arbeit, sondern komplementär zu dieser. Diese Bereiche bieten zudem attraktivere, mit mehr Ansehen und Einfluss versehene und mit besseren Ressourcen ausgestattete Ehrenämter (...)" (Notz, 2001, 137).

9 In dem Freiwilligensurvey von 1999 fällt auf, dass bei jungen Menschen, die noch nach einem freiwilligen Engagement suchen, sehr viel stärker ein beruflicher Nutzen mit dem „potenziellen" Engagement verbunden wird. Das wurde stärker in den Neuen Bundesländern formuliert, so dass sich dieses Motiv vor dem Hintergrund der religiösen Situation in den Neuen Bundesländern als säkulares Motiv darstellt (vergl. Gensicke, 2001, 94, Abb. 11).

Zu dem mit dem Berufsethos verknüpften Leistungsgedanken gehört auch eine Argumentationslinie zum „Lebenslangen Lernen“ innerhalb der Diskussion über die „Wissensgesellschaft“. Wenn man seinen Beruf ernst nimmt, sich berufliche Perspektiven offenhalten und seinen Beruf dynamisch, flexibel und innovativ ausführen will, dann ist eine kontinuierliche berufsbegleitende Bildungsarbeit notwendiger Bestandteil der Berufsbiografie. 4) Schließlich wirft auch die Diskussion zum „Berufsethos“ die Frage nach einer „qualifizierten“ Freizeitkultur auf – Stichwort ist der Begriff einer „erholungsfähigen“ Freizeitkultur (vergl. Stark/Enderlein u.a., 1998, 211f.). Dabei wird kritisch diskutiert und gefragt. Findet in diesen „anderen“ Tätigkeiten eine Verlängerung der Leistungsorientierung aus dem erwerbsbezogenen Berufsleben statt? Werden Elemente der Leistungsorientierung hier weiter geführt (siehe z.B. die Fragen nach dem Zeitaufwand des Ehrenamtes oder nach vergleichbaren erholungsungünstigen Belastungsprofilen in der Freizeit wie im Beruf – z.B. die Offenheit für unberechenbare und nicht hinreichend abgegrenzte Anforderungsprofile der Nachbarschaftshilfe etc.)? Ist die Qualität der nicht-Erwerbsarbeit-Zeit so konfiguriert, dass sie eine Chance zur „geistigen“ Erholung gewährt – also die Möglichkeit des „Abschaltens“, zweckfreie soziale Kommunikation oder auch das Erlebnis dieser Zeit als „Eigenzeit“? Auch der Schlaf wird daraufhin problematisiert, ob das Leistungshandeln auf ihn ausgedehnt wird „wenn er angestrengt, mit Tabletten oder Zähl- und Konzentrationstechniken herbeigeführt und mit der bewußten Zielsetzung des Kräftesammelns oder des Vergessens versehen wird“ (Schlie, 1988, 66; siehe auch Wiedemeyers Hinweis auf die „Schlaf-Kamele“, die am Wochenende für die Woche vorschlafen [vergl. ders., 2001, 44]). Zu den gesundheitlichen Problemen des gestörten Schlafes informiert Spork (2007).

Es gibt einige Hinweise, dass in der gesellschaftlichen Realität Schlagseiten des über das Berufsethos deklinierten Leistungsprinzip existieren: a) So weist Vogel (1999, 126) darauf hin, dass in den Neuen Bundesländern die neu herausgebildeten betriebsunabhängigen Vereins- oder Organisationsstrukturen von den Arbeitslosen der Befragung in der Regel als Einrichtungen erlebt und betrachtet werden, die von Erwerbstätigen für Erwerbstätige geschaffen wurden. Auch Höppner (2005) problematisiert das Problem der Arbeitslosen, sich ehrenamtlich in Sportvereinen zu engagieren. Dazu Opaschowski (2002, 117): „Im außer- und nachberuflichen Leistungswettbewerb mangelt es ihnen (den Schwächeren R.M.) an Selbstvertrauen, Kontakt- und Konfliktfähigkeit, sodass andere wiederum das Rennen machen und sie bei der Vergabe verantwortungsvoller Aufgaben, Ämter und ‚Pöstchen' in Verein, Kirche, Partei und sozialer Organisation das Nachsehen haben". b) Schließlich wird auf das Gesundheitsrisiko eines konsequent gelebten Leistungsethos hingewiesen. Opaschowski bemerkt (2002, 117 Herv. i. Orig.). „Aus der sozialpsychologischen Forschung ist bekannt: Wer sich beruflich und/oder privat über lange Zeit bis an die Grenzen seiner Leistungsfähigkeit fordert, ist vom *Burnout-Syndrom* bedroht, der körperlichen, emotionalen und geistigen Erschöpfung. Bedroht sind v.a. hoch motivierte Menschen (z.B. Manager, Politiker, Sportler, Künstler), die aus eigenem Antrieb Topleistungen vollbringen, aber zugleich das Gefühl haben, nie richtig fertig zu werden oder gar versagen zu können. Die Besten, die Leistungsfähigsten und auch und gerade die wirklichen Idealisten haben mit dem Problem chronischer Belastung und Überlastung zu kämpfen. Die Gefahr ist groß, dass sie das Ausbrennen (auch R.M.) (…) mit leistungssteigernden Drogen verdrängen". In diesem Zusammenhang ist auf einen Beitrag über Ärzte in Krankenhäusern hinzuweisen, der in Bezug auf diese Gruppe, die von Opaschowski gemachte Aussage, im Prinzip bestätigte (vergl. Viciano, 2007, 31f.). „In der Leistungsgesellschaft von morgen, in der alle ihr Leben lang etwas leisten wollen und auch leisten müssen, wird die *permanente Überforderung* zum größten Lebensrisiko. Wenn alle ‚immer gut drauf' und rund um die Uhr leistungsfähig sein müssen, können sich schnell Depressionen, Überreizungen und Erschöpfungszustände ausbreiten. Oder die Modedroge der Kreativen und Prominenten (wie z.B. Kokain…) wird gesellschaftsfähig und als ‚Zauberstoff der Web-Gesellschaft' gefeiert (Der Spiegel Nr. 44/2000: ‚Deutschland geht online')" (Opaschowski, 2002, 118 Herv. i. Orig.). c) Schließlich wird unter der Diskussion des Begriffs „Bürgergesellschaft" nach der notwendigen „Produktion öffentlicher Güter" gefragt, ob z.B. über das exklusiv berufsorientierte ehrenamtliche Ehrenamt nicht die Gefahr entsteht, dass das demokratische Projekt sowie die solidarische Substanz der Gesellschaft ausgehölt werden, weil das ehrenamtliche Element einerseits einseitig interessengeleitet ist und zugleich ökonomischen Verwertungsinteressen unterliegt.

Die Welt der Behinderten ist mit einem weit verbreiteten Leistungsdenken in Gesellschaft nicht kompatibel. Das wird schon daran deutlich, dass im Schulbereich pädagogischer Erfolg als Leistungserfolg definiert wird (vgl. Becker, 2017, 6) und im Gymnasialbereich weitestgehend nicht Inklusion betrieben wird. Sabine Schäper weist ausdrücklich darauf hin, dass die kirchlich getragenen Schulen Teil des Bildungssystems sind, das auf Elitebildung und damit auf Leistungsorientierung ausgerichtet ist (vgl. dies., 2014, 58). Kathrin Hartmann (vgl. 2012, 155–178) zeigt auf wie der Mythos der Leistungsgerechtigkeit und die Eliteförderung mit Blick auf das Gymnasium (in Hamburg) verwoben sind und dadurch dazu beigetragen wird, dass Klassenunterschiede zementiert werden. Sie spricht zwar nicht konkret Behinderte an, formuliert aber die Notwendigkeit von Inklusionsanstrengungen – ohne den Begriff zu nutzen – bei Kindern aus einer schwachen sozioökonomischen Herkunft. Und in vielen Erwerbsarbeitsfeldern wird Inklusionsbemühungen aus dem Weg gegangen und der obligatorische Abschlag bezahlt, weil man zu wenig Behinderte einstellt (vgl. Becker, 2015, 51ff.; besonders 53ff.; vgl. Tertelmann/Janke, 2019, 86).

Angesichts des Leistungsdruckes der Erwerbsarbeitsgesellschaft kann diese mit ihrem „Innenleben" auch gefährlich für Menschen mit Behinderung werden, wie es am Suizid von einem unter Psychosen leidenden Menschen deutlich wird (vgl. Becker, 2016, 168). Daher kann es bedeuten von Inklusion in der Leistungsgesellschaft zu reden für Behinderte einen „Raum der Gefahr" aufzutun, wenn dieser Raum nicht gastfreundlich gestaltet werden würde (vgl. Tertelmann/Janke, 2019). Dazu müssen die Erwerbs-Arbeitsräume mit ihrem brutalen, konkurrenz- und leistungszentrierten Innenleben (vgl. Becker, 2016, 170) sich wandeln zu einem von Sorgekraft durchfluteten Raum (s.a. ders., 2015, 13).

Behinderte verweigern sich dem Leistungsdenken und verweisen durch ihre Existenz- und Lebensweise auf ein Kernelement der Würde. Man muss nicht mit aller Kraft danach streben, in höhere Positionen aufzusteigen, um Anerkennung zu erfahren. Man muss nicht besonders viel Wissen und Können sich aneignen, um die Selbstachtung zu stabilisieren. Man muss nicht in einen Wettbewerb um herausragende

Leistungen eintreten, um besonders beachtenswert zu sein. Sie leben nicht (immer) in Sinnzusammenhängen, wo man erfolgreicher, kenntnisreicher und erfindungsreicher sein muss, um ein besonders anerkennungswürdiges Mitglied der Gesellschaft zu werden. Damit tragen sie entscheidend zum Selbstverständnis der Würde bei und entkleiden alle Erweise des Respektes von den Voraussetzungen des honorigen Verhaltens.

Dass es nicht zu einer besseren Inklusion von Behinderten kommt ist auch dadurch zu erklären, weil der Leistungsgedanke in der Gesellschaft ungebrochen ist.

1.4. Schließungsprozesse in der Demokratie als Ursache für eine unzureichende Inklusionsdynamik

Aufgrund einer Bemerkung auf Seite 44 zu behinderten Mit-Menschen kann man in die Ausführungen von Stephan Lessenich (2019) jene mitdenken. Und so ist mit ihm darauf hinzuweisen, dass ein Teil der Behinderten gar nicht so selten am unteren Ende oder am äußeren Rand der durch und durch gespaltenen, in multiple Berechtigungskämpfe verstrickten Klassen- und Konkurrenzgesellschaft ist; und es wird mit ihnen gar nicht so selten so umgegangen, dass sie gar nicht auf die Idee kommen an Statuswettbewerb teilzunehmen; sie werden zuweilen so behandelt, dass sie daran gar nicht erst teilnehmen können sollen (vgl. hier die Ausführungen auf den Seiten 60f.; s.a. Becker, 2015, 35f.).

Soziale Distinktionskämpfe gegenüber Behinderten sind zu beobachten, weil doch noch sehr stark Grenzen von „Hinz und Kunz" gegenüber der Gruppe der Behinderten gesetzt werden (vgl. Lessenich, 2019, 49ff. ohne das hier Behinderte erwähnt werden). Den eigenen Berechtigungsraum versuchen viele Personen entlang der Kategorien Geschlecht, Ethnizität und Alter im Positionswettbewerb auszudehnen, indem sie Behinderte abwerten und ausschließen, auch über das Leistungsdenken. Behinderten wird der Raum zur Positionskonkurrenz im großen „Schließungsspiel" in der modernen Demokratie häufig gänzlich versperrt. Hier fällt die besonders starke Stigmatisierung psychisch kranker Menschen auf (vgl. von Kardoff, 2010/2013, 134). Sie werden zuweilen als „lästige“ Zusatzkonkurrenz von „innen“ beim Teilen bzw. Unterteilen von Beteiligungsräumen in der Demokratie betrachtet.

Hier sei daher mit Stojanov angemerkt: „(...) soziale Separierung wird normalerweise als Missachtung empfunden“ (ders., 2019, 4).

1.5. Von den Schwierigkeiten zu lieben zu den Schwierigkeiten der Inklusion

Wir sind zur Inklusion auch deswegen nicht fähig, weil es vielen Menschen sehr schwer fällt zu lieben, weil sie sich selbst nicht lieben können – das deutet Ottmar Fuchs an (vgl. ders., 2014, 12ff.). Warum das so ist, dafür nennt Olivier Ndjimbi-Tshiende drei Gründe (2017, 79ff.):

Erstens – „wir Menschen der Moderne sind zu zerstreut“. Durch die Zerstreuung, unter anderem infolge der Menge an Informationen sowie der Flut an Medienangeboten, schaffen wir es nicht mehr, uns zu konzentrieren und den Blick auf das Wesentliche zu richten. „Doch zur Liebe gehört die Konzentration“. Überbordende Informationsangebote führen dazu, „dass die Aufnahme-Kanäle und seine Verarbeitungsfähigkeit rational wie emotional verstopfen – und damit unbrauchbar würden“. Damit wird die Chance zum Lieben verbaut. Weil uns nicht mehr Zeit und Muße gegeben ist, sich tiefer auf einen Menschen einzulassen und weil das Leben der Menschen zunehmend aus zerstreuten Einzelhäppchen besteht, ist die Chance zum Lieben zu gelangen immer weniger gegeben. Wenn wir immer mehr und immer häufiger im „Second Life“ leben, dann gelingt es immer weniger das zu erproben, was zum Lieben dazugehört.

Zweitens – „das Wort Gottes erreicht uns nur noch, wenn überhaupt als halbe Gläubige“ (ders., 80). Das wird zum Beispiel daran deutlich, dass uns die christliche Wurzel des „Würdeverständnis“ immer weniger bewusst ist. Das, was mit Würde gemeint ist, verstanden und verinnerlicht zu haben, wird daran deutlich, dass man jedem Kollektivismus und jeder Unterdrückung, jedem Primat des Mächtigen und jeder Form des (Sozial-??? R.M.)Rassismus eine Absage erteilt (vgl. ders., 81). Weil wir uns von dem Wort Gottes distanziert haben, haben wir auch weniger ein Verständnis für eine aus der Würde resultierende Kultur der Barmherzigkeit und Mitmenschlichkeit.

Drittens – „wir begegnen uns nicht mehr". Olivier Ndjimbi-Tshiende beobachtet „eine Flucht vor dem eigentlichen Menschen, vor der Nähe des Nächsten, vor dem authentischen Menschen" (ders., 83). Er erkennt, dass die Gesellschaft den anonymen Menschen sucht. „Aber den Menschen mit Leib und Seele, der neben mir sitzt und steht, nehme ich nicht mehr wahr" (ders., 83). Wir flüchten vor der Verantwortung den Nächsten wirklich wahrzunehmen, dann aber auch zu respektieren und anzunehmen. „Um Himmels willen, was könnte uns da begegnen, wenn ein echter Mensch mit Haut und Haaren, Leib und Seele, Freud und Leid uns gegenüberstehen würde?" (ders., 83). Das könnte man auch hinsichtlich behinderter Mit-Menschen fragen.

Durch diese drei Gründe kommt das Potential, zu lieben, zu kurz und dadurch kommen auch folgende Fragen – auch hinsichtlich behinderten Leben (R.M.) – kaum zustande: Wie wollen wir zusammen leben? Wie wollen wir zusammen arbeiten? Wie wollen wir miteinander teilen? Wie wollen wir miteinander sprechen? Wie wollen wir miteinander feiern? Wie wollen wir Zusammengehörigkeit schaffen? Diese Fragen wären aber mit Blick auf die Inklusion vertiefter zu verfolgen.

2. Kapitel: Facetten eines erweiterten Inklusionsverständnisses

Cornelia Coenen-Marx (2015) möchte eine Inklusion, die so ausgestaltet ist, damit Behinderte ihre Opferrolle verlassen. Sie möchte auch eine Inklusion, die die „Ausgliederung" der Hilfe für Behinderte in „Dienste" überwindet. Und sie möchte eine Inklusion, wodurch behinderte Menschen wieder mehr Selbstachtung empfinden, weil ihre vorhandenen Fähigkeiten und die Selbstbestimmung gestärkt werden. Und ich denke, man könnte auch aus der Diskussion zu „Full Inclusion" den Grundgedanken für die Inklusion mitnehmen, dass eine Inklusion vor allem dann als gelungen zu betrachten ist, wenn Freundschaften zwischen Menschen mit und ohne Behinderung entstehen und stereotypes Denken über Menschen mit Behinderung abgebaut werden kann (vgl. Felder/Schneiders, 2016, 24). Ich denke, dass wird nur gelingen, wenn Inklusion mit mehr Mitgefühl und Respekt versehen wird und sich stärker an dem Würdeaspekt orientiert.

2.1. Inklusion auf der Grundlage von Empathie

Das zuweilen emotionslose Sprechen „von den Behinderten" repräsentiert einen kultivierten Empathieverlust. Die Anonymisierung von behinderten Mit-Menschen in einer gesellschaftlich „irrelevanten" Gruppe (z.B. bei den Erwerbslosen) führt dazu, dass Behinderte zu Menschen werden, denen man nicht die geringste Empathie entgegenbringen muss/müsste. Daraus resultiert eine Entsolidarisierung mit den behinderten Mit-Menschen, woraufhin die gesellschaftliche „Schubkraft" auf Inklusion hin erheblich abgeschwächt wird. Deswegen ist eine grundsätzliche Voraussetzung für mehr Inklusionsanstrengungen, dass an der Hebung des Empathieniveaus der Gesellschaft gearbeitet werden müsste.

Ein empathischer Inklusionsdiskurs und letztlich ein empathisches Inklusionsengagement nimmt da seinen Anfang

- wo eine ***Bedürfniskommunikation*** (z.B. das Bedürfnis nach Liebe; das Bedürfnis nach einem Fahrrad; das Bedürfnis nach „normalen Kontakten" etc. [vgl. Prins, 2010/2013) stattfindet, zum Beispiel beim Reden von Menschenrechten und Teilhabe;
- wo die ***Verletzlichkeit des Menschen*** angesprochen wird[10];

---

10 Markus Dederich (2020) weist u.a. darauf hin, dass sehr intensiv und sehr häufig die Vulnerabilität als medizinisch und psychologisch konturierte Kategorie gedacht und gesprochen wird. Die Vulnerablität wird zuweilen als anthropologische Grundaussage ins Gespräch gebracht, dann gibt es aber auch sozial- und kulturwissenschaftliche Zugänge. Er wendet sich dem Ansatz von Judith Butler zu. Nach jener ist die Verletzbarkeit zunächst ein allgemein menschliches Phänomen, etwas, das „mit dem Leben selbst entsteht". Aber sie macht ganz genau deutlich, dass man eine allgemeine Verletzbarkeit des Menschen nicht losgelöst von eine verletzenden Gesellschaft, Politik und Kultur thematisieren darf. Deswegen spricht sie von der Verletzbarkeit auf zwei Ebenen – auf der Ebene der „natürlichen" Verletzbarkeit und auf der Ebene einer zum Beispiel sozial ungleich verteilten Verletzbarkeit in der jeweiligen konkreten sozialen historischen Situiertheit der Subjekte. Aber sie sagt zusätzlich, dass Verletzungstatbestände einem gesellschaftlichen Anerkennungsprozess unterliegen. Sie müssen bestimmte soziale, kulturelle und politische Kriterien erfüllen, um von einer Gesellschaft als Verletzung anerkannt zu werden. So ist das, was als Verletzung gedacht, besprochen und anerkannt wird einer machtunterfütterten diskursiven Praktik ausgesetzt. Sie verabschiedet sich hier also von der Vorstellung von einer quasi präsozialen naturhaft gegebenen Vulnerabilität. Und so gibt es „gruppenspezifische" Vulnerabilitäten, wie bei Behinderten, die abhängig sind von einem bestimmten gesellschaftlichen Diskurs, der unter Umständen entscheidet, welche Vulnerabilität wahrgenommen und anerkannt wird. Wie über die Vulnerabilität von Behinderten gesprochen wird, so werden Behinderte als Behinderte im gesellschaftlichen Umfeld „hervorgebracht". Ob das der Realität von Vulnerabilität von behinderten Leben tatsächlich entspricht, steht auf einem anderen Blatt. Das kann zur Folge haben, „dass konkret erlittene und subjektiv als solche bewertete Verletzungen sozial faktisch nicht existieren bzw. als irrelevant gelten, wenn sie nicht als Verletzungen anerkannt werden. Zum anderen folgt daraus aber auch, dass die Anerkennung die Bedeutung und Struktur der Verletzbarkeit verändert." (ders., 2020, 4f.). Empathisch relevant in der Rede von Judith Butler ist mit Blick auf das Antlitz die Verletzbarkeit zu erkennen. Es ist ein Ausdruck von Empathie „auf das Gesicht zu reagieren" und damit wach zu sein für das, was das andere Leben gefährden könnte bzw. ganz allgemein dafür, was die Gefährdetheit des Lebens bedeuten kann. Empathie zuzulassen, d.h. über das Antlitz dem Anderen ausgesetzt zu sein, diesem dann sich verpflichtet zu fühlen ohne einen besonderen ethischen/moralischen Willensakt (vgl ders., 2020, 7).

- wo die ***kulturelle Identität*** beachtet wird, beim Reden vom inklusiven Gemeinwesen;
- wo das ***seelische Erleben*** von struktureller Gewalt (vgl. Becker, 2015, 83f.), von mangelnder Solidarität (vgl. den Hinweis auf mangelnde Solidarität mit Menschen mit Schizophrenie im Ärzteblatt 4. Okt. 2013), von Ungerechtigkeit etc. angesprochen wird - wenn z.B. das Leiden, Traumatisierung, Angst, Einsamkeit thematisiert werden;
- wo die ***psychosomatische Seite/Ausdrucksform*** der Folgen von Neoliberalismus, der strukturellen Gewalt deutlich wird;
- wo ein Gespür für die ***Sensibilität des Menschen*** in den geschriebenen Sätzen über Kooperation/fehlende Kooperation, Solidarität/Exklusion/fehlender Zusammenhalt, Sanftmut/Gewalthaltigkeit des Handelns (vgl. M. Hübner, 2017) usw. besteht und sichtbar gemacht wird;
- wo auf das ***affektive/emotive Moment im menschlichen Verhalten*** zurückgegriffen wird, um die ethische Frage zu formulieren - den Schrei der Armen, die Wut der Behinderten, die Empörung in der Zivilgesellschaft;
- wo auch das ***stille Moment*** beim ethischen Problem gesehen und thematisiert wird - das Verstummen der durch Gewalterfahrungen geprägten Behinderten, das in-sich-Verkriechen der sich schämenden Hartz-IV-Empfänger (als Behinderte) sowie Appetitlosigkeit, Rückzug und Verweigerung bei von Depression betroffenen Menschen mit (geistiger) Behinderung wo die Sprache als Kommunikationsmittel gar nicht oder nur eingeschränkt vorhanden ist;
- wo eine ***phänomenologische Achtsamkeit*** für die Sichtbarkeit von Armut (abgetretene Schuhe; ungünstige Wohnsituation [zum zuletzt Benannten vgl. Becker, 2015, 166f.]), des (behinderten) Prekariats (erschöpfter Blick) - vgl. den Hinweis auf das Prekäre von Lebenslagen unter Behinderung bei: von Kardoff, 2010/2013, 135;
- und ***sich die Tendenz auflöst*** die „Armen" und „Leidenden" und „Verletzbaren" ***immer noch mehr als Objekte*** im notwendigen mitleidenden und barmherzigen Handeln ***zu betrachten.*** Sigrid Graumann betont, dass das Neue des Inklusionsansatzes gegenüber dem traditionellen Wohltätigkeits- und Fürsorgeansatzes darin besteht, dass die Menschen mit Behinderung nicht mehr als Objekte karita-

tiver Hilfe, Unterstützung und Sorge angesehen und behandelt werden dürfen (vgl. dies., 2016, 52).

2.2. Inklusion mit Mitgefühl

Wenn nun nachfolgend über Inklusion mit Mitgefühl nachgedacht wird, dann zunächst einmal auf der Basis der grundlegenden Gedanken des XIV. Dalai Lama.

Inklusion mit Mitgefühl; das bedeutet eine Inklusion mit der „Fähigkeit am Geschick anderer Menschen Anteil zu nehmen“ (Dalai Lama, 1999/2002/2017, 20). Dazu ist es wichtig und bedeutsam, die eigenen „Anliegen weniger wichtig (zu R.M.) nehmen (...) als die der anderen“ (ders., 21; s.a. ders., 1993/2005, 71). Bei dieser Inklusion mit Mitgefühl macht „die Vorstellung von ‚wir‘ und ‚die anderen‘ inzwischen kaum noch Sinn“ (ders., 1999/2002/2017, 22).

Bei einer Inklusion mit Mitgefühl ist der Wunsch vorhanden, dass auch die Behinderten frei von Leid sein mögen. Dazu gehört es auch, zu erkennen, dass auch jene schwerwiegende Not und schwerwiegendes Leid durchmachen (vgl. ders., 101; vgl. hier Felder/Schneiders, 2016,55)[11]. Dazu gelangt man allerdings erst über eine Betrachtung der Not von allen Seiten und eine gewisse Nähe zu diesen Menschen. Auch behinderte Menschen leiden, wie alle empfindende Wesen. Zu dieser Einsicht gelangen wir aus dem Gefühl der Nähe, dass wir zu ihnen entwickelt haben (siehe hier bei Dalai Lama, 1999/2002/2017, 103).

Großes Mitgefühl mit behinderten Menschen zu entwickeln, also von morgens bis abends von der Sorge um sie durchdrungen zu sein, ist nur möglich, wenn wir erkannt haben, dass ihre Situation durch und durch mit Unzulänglichkeiten behaftet ist (vgl. ders., 114f.).

---

11 Sie weisen darauf hin, dass man das Leid der Behinderten ernst nehmen muss. Behinderungen entstehen durch Kriege, Armut und Unterernährung. Bei Behinderung muss man manchmal die Realität von „Opfer“ und „Täter“ realisieren. Um auf das Leid wirklich „einzugehen“ – (aus Mitgefühl heraus, R.M.) – wäre es unangemessen zu leichtfertig sozialkonstruktivistisch zu denken. Dann gäbe es – diesen konstruktivistischen Ansatz konsequent zu Ende gedacht – keine Ungerechtigkeit, keine Täter, keine Opfer, keine Ursachen, die zu bekämpfen wären. Behinderung verlangt aber die Intervention (vgl. Felder/Schneiders, 2016, 69).

„Um wirkliches Mitgefühl – für sämtliche Wesen empfinden zu können, müssen wir uns eine von jeder Parteilichkeit freie Einstellung zu Eigen machen“ (ders., 117). Gegenüber Behinderten gehen wir auf Distanz, bei manchen Behinderten bemerken wir eine Unfreundlichkeit oder Reserviertheit, wir begegnen ihnen sogar mit Ablehnung und Geringschätzung (vgl. hier ders. auf S. 117). „Wirkliches Mitgefühl kennt keinerlei Vorbehalt“ (ders., 118). Wenn wir einen unvoreingenommenen Gleichmut entwickeln, gelangen wir über jede parteiische Empfindung (über Bevorzugung oder Benachteiligung) hinaus (vgl. ders., 118). Gleichmut können wir entwickeln, wenn wir uns bewusst machen, dass die Vorstellung von Behindert-Sein rsp. von Behinderten sich wandeln kann (vgl. ders., 121).

Aus der Nähe heraus wächst unsere Wertschätzung für die Behinderten. Man kann auch entdecken, dass die Eigenschaften der Behinderten von großem Wert für uns sein können[12]. Und im Mitgefühl kann man daher den Behinderten vermitteln, dass sie ein Teil der Gesellschaft sind. Mit ihnen hat die Gesellschaft eine Zukunft (vgl. hier auch die Ausführungen auf S. 123f.)[13]. Im Mitgefühl sind wir nicht mehr indifferent gegenüber jedweden Menschen, so auch Behinderten; und wir entdecken, „wie in unserer heutigen Lebensform alles miteinander in Zusammenhang steht“. Andere – und damit auch die Behinderten – werden im Mitgefühl nicht mehr als für uns unwesentlich abgetan (vgl. ders., 1993/2005, 75). Das Gefühl der Verbundenheit, „als Gefühl der Zuneigung zu anderen“ (in: ders./Ekman, 2009/2011, 207) ist entscheidend für die Praxis des Mitgefühls. In dem Gefühl der Verbundenheit „werden andere fast als Erweiterung der eigenen Person gesehen, als Teil von mir selbst“ (in: ders./Ekman, 208).

12 „Eine Untersuchung von Geschwisterkindern (822 Brüder und Schwestern von Kindern mit Down-Syndrom) hat ebenso ergeben, dass über 96% dieser Kinder und Jugendlichen eine tiefe Zuneigung ihren Geschwistern gegenüber hegen. 88% meinen, sie seien durch das Geschwisterkind mit Down-Syndrom zu besseren Menschen geworden. 90% wollen dauerhaft im Leben ihres Geschwisterkindes involviert bleiben (Skotko/Levine/Goldstein 2011)“ (Felder/Schneiders, 2016, 59f.).

13 Vgl. Wunder, der feststellt: „In diesem Sinne geht der Inklusionsansatz davon aus, dass jedes Mitglied der Gesellschaft seinen Beitrag zur Gemeinschaft leistet und für das Ganze wichtig ist. ‚Wir brauchen den jeweils Anderen‘, könnte man formulieren, oder: ‚Die Gemeinschaft wäre ohne die jeweils Anderen arm‘“ (ders., 2010/2013, 26).

Das Mitgefühl mit Behinderten muss zum Bestandteil des sogenannten „globalen Mitgefühls“ (vgl. zum Begriff in: ders./Ekman, 2009/2011, 235ff.) werden. Umweltprobleme etc. hängen auch damit zusammen, dass man kein Mitgefühl mit Behinderten hat. „Globales Mitgefühl“, d.h. weg zu kommen von einer Vorstellung zwischen einem „Wir“ und einem „sie“ zu unterscheiden und die Behinderten als Teil des „Wir“ zu betrachten.

Die Wirksamkeit des inklusiven Handelns steigt, wenn dieses Ausdruck von Mitgefühl ist (vgl. hier bei ders., 1993/2005, 77f.)[14]. Mitgefühl bei dem inklusiven Handeln, das bedeutet das Leiden und die Gefühle der Behinderten in einem so umfassenden Sinne einzubeziehen, dass man dadurch Grenzmarkierungen für richtiges und falsches Handeln gewinnt (vgl. ders., 79).

Der Dalai Lama übernimmt von Paul Ekman die Einschätzung, dass Mitgefühl gefördert werden muss. Die Förderung von Mitgefühl erfolgt unter Freiwilligkeit. Aber man erreicht irgendwann den Punkt, wenn man sich das Mitgefühl erst einmal angeeignet hat, wenn man jemanden leiden sieht, dass man nicht mehr die Entscheidungsfreiheit hat, dies zu ignorieren (vgl. in: ders./Ekman, 2009/2011, 180f.). Man kann ein Mitgefühl als tief verwurzelte geistige Grundstruktur entwickeln. Es kommt dabei zu einer umfassenden Umstrukturierung der kognitiven Grundstruktur (vgl. ders./Ekman, 211).

Dieses Mitgefühl, welches der XIV. Dalai Lama entfaltet, hat eine Qualität, so dass „Mildtätigkeitswunden“ vermieden werden. Und es kann auch nicht so schnell „ausbrennen“, so dass Inklusionsanstrengungen zu einem Ende kommen (vgl. hier Sennett, 2004/2010, 182f.).

Und man sollte noch mit Kathrin Hartmann (vgl. 2012, 177) ergänzen, „dass Menschen, die einer niedrigen Schicht angehören, im Vergleich zu Angehörigen der Oberschicht deutlich mehr Mitgefühl und eine bessere Menschenkenntnis besitzen“. Indirekt macht sie deutlich (vgl. dies., 176f.), dass die Oberschicht die Mittelschicht zu infizieren versucht, vom Mitgefühl zu lassen, wenn man es zu etwas bringen

14 Dieser Hinweis ist deswegen interessant, wenn z.B. festgestellt wird: „Bildungserfolg in der Schule hängt demnach in nicht unerheblichem Maße von der Person der Lehrerin/des Lehrers ab, besonders von der konkreten Interaktion zwischen LehrerInnen und SchülerInnen“ (vgl. John Hattie [2013] in: Felder/Schneiders, 2016, 40).

will. Wir haben es bei der Etablierung von Mitgefühl also nicht nur mit einer rein ethischen Herausforderung zu tun, sondern es muss kritisch die herrschende Eliteförderung einerseits aufgearbeitet werden, andererseits die dominante Eliterekrutierung (vgl. dies., 175) ausgehebelt werden, wenn Inklusion auf der Basis von Mitgefühl stärker sich in der Gesellschaft etablieren soll.

2.3. Inklusion im Horizont des Würdeverständnisses

Der Einstieg in die Würdediskussion müsste da beginnen, wo die Arbeitslosigkeit von Menschen mit Behinderung nicht mehr in Verbindung gebracht wird mit dem Gedanken eines Humandefizits (vgl. Becker, 2016, 171).

Wenn wir nicht erklären können wie „schön" Behinderte sind, die wir sehen und hören, wird, weil wir nicht zum Grundverständnis von Würde vordringen, Inklusion nicht beginnen können.

Wenn wir uns eingestehen, dass es Menschen gibt, „die nicht weiter optimiert werden können" (Hüther, 2019, 35) und diese dann nicht als nutzlos betrachten – dann stoßen wir zum Selbstverständnis von Würde vor. Man kann in diesem Zusammenhang es als Ausdruck einer Würdeorientierung betrachten, wenn nicht die Andersheit des Anderen zum Verschwinden gebracht wird (Lévinas) (vgl. Schiedeck/Stahlmann, 2010/2013, 86). Siehe auch den kritischen Hinweis auf den Integrationsgedanken, der das Anderssein von Menschen mit Behinderung nicht bejahen kann (vgl. Wunder, 2010/2013, 24).

Zuhörend im Gespräch mit Behinderten sein über die Möglichkeit, was einer/eine sich wünscht, was er in dieser Gesellschaft sein könnte, darin wird Würde deutlich und weist in eine Richtung, was bei Inklusionsanstrengungen dazu kommen müsste.

Wenn der Hot Spot für evolutionären Fortschritt nicht mehr das Silicon Valley ist (vgl. Hüther, 2019, 42), sondern Begegnung und das Teilen des Lebens mit Behinderten, wodurch Allmachtsfantasien abgeschafft werden, finden wir zur Würde zurück, zur Würde der Behinderten und zur Würde von uns; und so wird Inklusion die Herausforderung der Zeit, eine Inklusion, die sich den Projekten verweigert, die darauf hinauslaufen, „dass der Mensch seine menschliche Natur überwindet" (ders.).

Die Würde der behinderten Menschen beginnt da, wenn wir sie als Wesen betrachten, die mit Respekt zu behandeln sind, die auserwählt sind und zur Freiheit berufen sind und als mit dem Geschenk des Lebens erkannt werden (vgl. hier die Ausführungen bei: Hüther, 2019, 52).

Wenn Behinderte relativ „geschützt" sind vor den „Preisen" des Lebens, dann erfahren sie Würde. Uwe Becker betrachtet es als Ausdruck der Würde, wenn die Menschenwürde behinderter Menschen nicht mehr radikal mit dem Gedanken ihre Produktivität verknüpft wird (vgl. ders., 2016, 171). Und wir finden darüber zu unserer Würde zurück, dass wir aus dem Zusammenleben mit Behinderten wieder zu der Erkenntnis vordringen, dass wir über allen Preis erhaben sind. Mit dem Projekt der Inklusion sollten also Anstrengungen zur „Entpreisung" des gesellschaftlichen Lebens verbunden sein (s.a. von Schirach bei: Coenen-Marx, 2015).

Indem Behinderte in besonderer Weise dagegen aufbegehren, wie ein Objekt behandelt zu werden, indem sie eine leidenschaftliche Freude sich am eigenen Entdecken und Gestalten bewahren, halten sie in der Gesellschaft einen Aspekt der Würde wach, der in der Gesellschaft ein Stachel ist. Das müsste die Gesellschaft dazu drängen, verstärkte Inklusionsanstrengungen zu unternehmen.

Zunächst einmal die Feststellung, dass wir für die Überwindung der Begrenztheit der eigenen Vorstellungen von Würde die Begegnung mit Behinderten brauchen, mit deren zum Teil fremdartigen Verhaltensmustern. Wir werden nur dann Würde uns „ganz" erschließen können, wenn wir im Austausch mit Behinderten sind. Nur wenn wir uns klar machen, dass wir von Behinderten, die ja einzigartige Individuen sind, für das Menschenwürdeverständnis für alle brauchbare Erkenntnisse machen, werden wir konstruktiver mit Inklusionsanstrengungen umgehen. Es muss erst aus der Interaktion mit Behinderten sich ein komplexes Verschaltungsmuster in unserem Gehirn entwickeln, wo sich die Vorstellung und das Bewusstsein der Würde eines Menschen aufbaut, so dass wir Inklusion fantasievoll gestalten können (siehe hier auch bei Hüther, 2019, 121f.; s.a. 134). Der sich daraus ergebende Zugewinn beim Würdeverständnis wird fruchtbar für unser allgemeines Würdeverständnis (vgl. Mierzwa, 2018) sein und wird dann auch Auswirkungen haben, wie wir Menschenrechte, zum Beispiel im Kontext von Kinderrechten (vgl. Mierzwa, 2019) oder Arbeitsrechten (vgl. Mierzwa, 2020b) auslegen[15].

Die Behinderten, so wie sie leben, führen uns zu zutiefst menschlichen Bedürfnissen hin, die wir verdrängt haben, die uns unklar geworden sind, die ins Unterbewusste abgetaucht sind oder von denen wir durch schmerzhaftes Erleben abgeschnitten worden sind und machen uns so unser fragmentarisches Bewusstsein von Würde deutlich. Wenn wir Behinderte begleiten und empathisch beobachten und mit diesen mitfühlend kommunizieren, dann stoßen wir auf deren feines Gespür dafür, wie es richtig wäre mit Menschen umzugehen, auf das, was menschengemäß wäre, also das, was einen würdevollen Umgang ausmachen würde. Und dann würden wir viel eher den Sinn für Inklusionsanstrengungen begreifen. Ich denke, aus einer an der „Würde" orientierten Inklusionspraxis werden wir die Ambivalenzen ausbalancieren können, die Michael Wunder mit dem Assistenzgedanken diskutiert hat (vgl. ders., 2010/2013, 29–32). Er selbst sieht den Menschenwürdeaspekt durch ein über die Care-Ethik orientiertes Assistenzmodell sichergestellt.

Wenn wir über Inklusionsanstrengungen für Behinderte, über eine vertiefte Interaktion und Kooperation mit Behinderten, über empathisches mitfühlendes Miteinander mit Behinderten zu einem tieferen Verständnis von Würde vorstoßen, dann brauchen wir weder Erfolg beim Kampf um begrenzte Ressourcen noch irgendwelche Ersatzbefriedigungen, die uns von Werbestrategen angeboten werden. Sind wir uns über den Austausch mit Behinderten intensiver unserer Würde bewusst geworden, dann leiden wir nicht an einem Mangel an Bedeutsamkeit. Wir sind dann unserer Bedeutung uns bewusst. Deshalb sind wir nicht mehr verführbar. Wir sehen auch nicht mehr einen Gewinn darin, andere Personen zu Objekten unserer Absichten und Erwartungen, unserer Ziele und Maßnahmen oder gar unserer Verführungskünste und Versprechungen zu machen (vgl. hier das Fazit in: Hüther, 2019, 130). Wir verhalten uns nun zurückhaltend, achtsam und um-

15 Für mich ist der Sachverhalt also umgekehrt stehend, verglichen mit der Perspektive die Andreas Lob-Hüdepohl auftut (vgl. ders., 2010/2013, 15ff.).

sichtig. Wir sind eher still und denken uns unseren Teil. Nur wenn etwas geschieht, was die Würde zu verletzen droht, dann melden wir uns zu Wort (vgl. ders., 158f.).

2.4. Inklusion und Respekt

Es gibt zwar eine politisch korrekte Kommunikation über behindertes Leben in der Gesellschaft (vgl. Fuchs, 2014, 32) sowie ebenfalls die sozial angepasste Kommunikation mit Behinderten, aber es gibt auch ganz praktische Tiefschläge; etwa wenn eine Jobcenter-Mitarbeiterin einer Mutter mit einem behinderten Kind unverhohlen ins Gesicht sagt, dass jene ihr behindertes Kind nur vorschiebt, um nicht dem Arbeitsmarkt zur Verfügung zu stehen; aber auch die Erfahrung des Autors (mit 80 Prozent Schwerbehinderung) bei der Anfrage bei einem Professor einer evangelischen Fakultät zwecks Habilitation, wo jener von dem Professor auf mehrere Briefe in nahezu zwei Jahren keine Antwort erhielt. Hier zeigt sich fehlender Respekt und daraus resultieren sicherlich Defizite bei der Inklusionspraxis. Es deutet sich aber auch ein „Klima" an, wenn junge Frauen und Männer, die Karriere im Management machen (wollen), sich darauf einigen, bei der Schwangerschaft der Frau Untersuchungen auf eine potentielle Behinderung der Kinder zu machen, um dann im Falle eines positiven Befundes abzutreiben. Man fragt sich dann angesichts dieser Einstellung, welcher Respekt besteht gegenüber behinderten Leben, welche Offenheit besteht für eine respektable Inklusionspraxis in ihrem Betrieb/Unternehmen oder ihrer Firma?

Am Anfang der Überlegungen stehen also mehr Fragen als positive Formulierungen zum Zusammenhang von Respekt und Inklusion. Etwa die Frage, ob wir Behinderte wirklich ernst nehmen und auf ihre Bedürfnisse eingehen, wenn man die „ausgelagerten" Urlaubsangebote für Menschen mit Behinderung sieht sowie durchgehend barrierefreie Urlaubsorte mit der Lupe suchen muss und inklusive Hotels noch recht spärlich sind (vgl. zu Inklusionsmaßstab Urlaubsmöglichkeit bei: Lessenich, 2019, 48; s.a. Markowetz, 2006, 61f.)? Oder die Frage, ob wir alle Facetten behinderten Lebens berücksichtigen bzw. auf alle diese Rücksicht nehmen, wenn wir neue Schulbücher für die heranwachsenden Kinder und Jugendlichen schreiben (lassen) und so ihr Lernen mit dem Vertraut-Werden mit dem Inklusionsaspekt verbinden? Schließlich Fragen an den Politikbetrieb und dessen Gesetzesnovellen: Wird behindertes Leben in seiner Breite wahrgenommen, werden in Behinderten echte Persönlichkeiten gesehen, wird die Menschenwürde nicht mit Regelungen verletzt und wird verhindert, dass behindertes Leben in humanitäre Krisen gerät (vgl. hier u.a. die Ausführungen bei Felder/Schneiders, 2016, 41–51)? Und letztlich unsere makellose, dynamische, jung-sportliche Werbung, die unseren Life-style, unser Selbstbild und unsere Visionen vom guten Leben prägt und formt. Sind wir uns bewusst, wie abwertend behindertes Leben diese Werbung ist, wie gering die Achtung gegenüber behinderten Leben ist, was dadurch zum Ausdruck kommt? Es fehlt der Respekt gegenüber einem behindert-Sein – das macht die Werbung deutlich. Und noch eine Frage: Weil behinderte Menschen es häufig nicht „zu etwas bringen können", führt das dann dazu, dass sie keine Personen des Respektes werden können und infolgedessen eine Inklusion mit Respekt ausbleibt?

Inklusion mit Respekt – was kann dazu gehören?

- Zeitungsberichte von behindertem Leben, die zeigen, dass Behinderte etwas vorleben, was ein grundlegender Wert für die Gesellschaft und den Einzelnen sein kann und man deswegen zu ihnen aufschauen kann.
- Respekt, d.h. auch eine Diagnostik, die Behinderung nicht „festschreibt", sondern gewissermaßen gewisse Behinderungen „dekonstruiert". „Ungleichheitskategorien" in der Diagnostik dürfen nicht so zur „Natur von Behinderung" werden, so dass nicht mehr „reflexiv" mit Behinderung umgegangen wird (vgl. hier Stefanie Flamm, 2017, mit Bezug auf Kinder mit Down-Syndrom).
- Behinderte in Runde Tische einbeziehen, wo man ihnen wirklich und ehrlich zuhört, und wo man dann zur Einsicht kommt, „dass man die Grenzen, die sie haben oder setzen, erkennen und achten muss" (Borbonus, 2019, 24). Bei den Runden Tischen wird Respekt und Anerkennung gelebt, wenn mit den Behinderten in ihren Grenzen, manchmal in ihrer Unerfahrenheit oder auch in ihrer Einfachheit oder in ihrem Schmerz auf Augenhöhe kommuniziert wird.

- Inklusion gelingt mehr, wenn behinderte Menschen mehr etwas zu den konkreten Schritten der Inklusion selbst beitragen dürfen – es also weniger eine Inklusion „für" die behinderten Menschen, sondern „mit" den behinderten Menschen ist (vgl. EKD, 2015, 55). Das ist Inklusion mit Respekt. Bei der Inklusion mit Respekt wird allen Menschen mit den verschiedenen Arten von Behinderung zugetraut wesentliches zur Lösung beizutragen, haben diese in gewissem Maße Entscheidungsbefugnisse, erhalten jene bei der Suche von Problemlösungen im umfassenden Sinne Informationen, werden ihnen Wahlmöglichkeiten angeboten und es wird ihnen zugehört (vgl. Lindner, 2016, 168). Sie werden also in einem gewissen Sinne zur Autorität bei den Verhandlungen im Rahmen der Inklusionsarbeit.
- Inklusion mit Respekt, d.h. nicht immer ist es richtig jedem Behinderten „Schonarbeitsplätze" anzubieten. Auch Behinderte wollen in der Arbeitswelt gefordert werden, ihnen sollte die Möglichkeit gegeben werden „ihren Mann/ihre Frau zu stehen". Manche Arbeitsplatzangebote sind für Behinderte, wenn sie „zu rücksichtsvoll" ausgestaltet sind, demütigend. Es gilt mit der Hoffnung bei der Arbeitsplatzsuche für Behinderte zu arbeiten, dass diese entwicklungsfähig sind.
- Inklusion mit Respekt kann auch bedeuten, dass man, wie es eine Supermarktkette in Neuseeland macht, einmal wöchentlich eine „Ruhige Stunde" anbietet. Dabei wird das Licht gedimmt, die Musik ausgestellt sowie Waren weder ein- noch umgeräumt. Das Konzept haben auch einige Läden in Großbritannien und Polen übernommen. Das ist für ein Leben mit Asperger ein Beitrag zur Inklusion, weil dadurch der Stress reduziert wird (vgl. Ruhnke, 2020, 3).
- Als Individuum wird man respektiert oder der Gegensatz dazu – diskriminiert. Respektieren/diskriminieren – das kann sich durch den „pauschalen" Umgang mit jemanden entscheiden. Deswegen werden Inklusionsanstrengungen sich immer wieder daran messen lassen, ob sie Ausdruck von Respekt sind, ob sie in der Lage sind, auch Besonderheiten/Eigenarten der je eigenen Persönlichkeit eines behinderten Menschen gerecht zu werden. Unter einem Inklusionsprozess werden wir uns immer ein kleines bisschen Mühe ge-

ben müssen, den Anderen in seinem Anderssein und Andersdenken zu respektieren.

„„Trennende Merkmale (wie [...] körperliche Behinderung, an denen sich Formen der Ausgrenzung festmachen können‘ (Assmann, 2009, S. 15), werden durch Respekt egalisiert"; durch Respekt werden Differenzen zwischen Personen (z.B. aufgrund von Behinderung R.M.) aufgehoben (vgl. hier Lindner, 2016, 169 an zwei Stellen).

2.5. Inklusion als „organische" Herausforderung

Inklusion wäre unzureichend, wenn sie nur in Form „chirurgischer" Eingriffe in die Gesellschaft umgesetzt werden würde. Bei den Behinderten kommt erst an, dass Inklusion wirklich gewollt ist, wenn Inklusion als „politics" ganz praktisch zur Querschnittsaufgabe allen gesellschaftspolitischen und soziokulturellen Handelns wird. Die Behinderten werden Inklusion dann als wirklich gewollte Inklusion spüren, wenn nicht Sondermaßnahmen für Behinderte ergriffen werden, wo sie dann ein „Fall" sind, sondern wenn bei den allgemeinen gesellschaftlichen Gestaltungsprozessen Inklusionsangebote so normal daherkommen wie Fahrradwege für Fahrradfahrer, besondere Sitzplätze für schwangere Frauen in öffentlichen Verkehrsmitteln und besondere Schriftgrößen für Ältere in Handreichungen der Kommune. Inklusion wird alle Bereiche der Daseinssorge für möglichst alle Formen von Behinderung handhabbar zu gestalten versuchen – z.B. bei Bankgeschäften oder bei Arztbesuchen (vgl. zum letzten Aspekt Hinweise bei Wunder, 2010/2013, 29). Die Vorstellung von Wahlprogrammen in Leichter Sprache ist ein wichtiger Beitrag zur Inklusion von Behinderten in die demokratische Gesellschaft.

Eine solche Art von Inklusionspraxis wird vor allem dann am ehesten eingeleitet werden, wenn das Denken einer gerechten Lösung von Inklusion sich anlehnt an die Überlegungen von Martha Nussbaum zur Befähigung von allen Menschen (vgl. Coenen-Marx, 2014, 239f.). Martha Nussbaum antwortet auf Grenzen von Rawls' Theorie der Gerechtigkeit – jene bewältigt drei Sachverhalte nicht hinreichend: Das Wissen um das Gute ist zu schwach in seiner Theorie, so dass er schließlich nicht in der Lage ist Konflikte bei der gerechten Aufteilung von Gütern zu moderieren; es wird dann nicht hinterfragt, ob Personen, die ihnen zugeteilten Grundgüter überhaupt nutzen können; und es wird nicht hinreichend problematisiert, dass bei der Verteilung der Güter ein Mehr nicht in jedem Fall ein Besser ist (vergl. Möhring-Hesse, 2005b, 86). Für Martha Nussbaum „ist nicht die Freiheit, etwas zu tun, sondern die Entfaltung der menschlichen Potentiale der zentrale Maßstab der Gerechtigkeit. Dabei spricht Nussbaum von einem zugleich starken und vagen Konzept des Guten: Stark ist dieses Konzept in Bezug auf das Gute, weil es das Gute, das alle Menschen suchen, zum Ausgangspunkt der Erörterung der Gerechtigkeit macht und nicht vorrangig die Freiheit, dasjenige zu tun, was man möchte. Das ist schon deswegen ein starkes Konzept des Guten, weil sie voraussetzen muss, dass feststellbar sei, was die Menschen unabhängig von Herkunft und Weltsicht als basal gut ansehen. Vage ist das Konzept, weil sie (...) keine privilegierte Einsicht in dieses Gute beansprucht, sondern ihre Liste der Grundfunktionen als erörterbar und erweiterbar ansieht, also auf konkrete Verständigung darüber setzen muss, was ein gutes menschliches Leben ist. Auf der Liste der Grundfähigkeiten finden sich unter anderem die folgenden. ‚1. Die Fähigkeit, ein volles Menschenleben bis zum Ende zu führen; nicht vorzeitig zu sterben oder zu sterben, bevor das Leben so reduziert ist, dass es nicht mehr lebenswert ist. 2. Die Fähigkeit, sich guter Gesundheit zu erfreuen; sich angemessen zu ernähren; eine angemessene Unterkunft zu haben; Möglichkeiten zu sexueller Befriedigung zu haben; sich von einem Ort zum anderen zu bewegen. 3. Die Fähigkeit, unnötigen Schmerz zu vermeiden und freudvolle Erlebnisse zu haben. 4. Die Fähigkeit, die fünf Sinne zu benutzen, sich etwas vorzustellen, zu denken und zu urteilen. 5. Die Fähigkeit, Bindungen zu Dingen und Personen außerhalb unserer selbst zu haben, diejenigen zu lieben, die uns lieben und für uns sorgen, und über ihre Abwesenheit traurig zu sein, allgemein gesagt: zu lieben, zu trauern, Sehnsucht und Dankbarkeit zu empfinden. 6. Die Fähigkeit, sich eine Vorstellung vom Guten zu machen und kritisch über die eigene Lebensplanung nachzudenken. 7. Die Fähigkeit, für andere und bezogen auf andere zu leben, Verbundenheit mit anderen Menschen zu erkennen und zu zeigen, verschiedene Formen von familiären und sozialen Beziehungen einzugehen. 8. Die Fähigkeit, in Verbundenheit mit Tieren, Pflanzen und der ganzen Natur zu leben und pfleglich mit ihnen umzugehen. 9. Die Fähigkeit, zu lachen, zu spielen und Freude an erholsamen Tätigkeiten zu haben. 10. Die Fähigkeit, sein eigenes Leben und das eines anderen zu leben. 10a. Die Fähigkeit, sein eigenes Leben in seiner eigenen Umgebung und in seinem eigenen Kontext zu leben.' (Nussbaum 1999: 57f.)" (Meireis, 2015, 297f.)[16].

Diese „Eckwerte" eines guten Lebens sind für das Leben von Menschen mit Behinderung von Bedeutung. So weist Coenen-Marx (2014) darauf hin, dass daraus resultieren kann, dass bei entsprechenden körperlichen oder geistigen Einschränkungen eine entsprechende Assistenz bereitzuhalten sein müsste. Und der Gedanke der Barrierefreiheit ist im Sinne von Befähigung konsequent umzusetzen. Und man darf nicht leichtfertig die Möglichkeiten von Bildung und Ausbildung lebenslang für Menschen mit Behinderung aus den Augen verlieren. Es sollte die Chance für Entwicklung und zusätzliche Befähigung immer wieder ins Auge gefasst werden. Und wenn ein Haustier bedeutsam ist, um emotional sich als Mensch auszudrücken und zu leben, dann dürfte das einem Menschen mit Behinderung nicht vorenthalten werden (siehe hier auch bei Spieß, 2014, 11f.).

Bei Nussbaums Ansatz gilt im guten Sinne des Levinas'schen Impulses (vgl. Dederich, 2013, 5–7) fast durchgängig der Mensch in seiner Singularität und Einzigartigkeit. Mit ihrem Ansatz der Gerechtigkeit besteht der Spielraum, zu erkennen, dass Inklusion im konkreten Einzelfall nicht nur schwierig sein kann, also Befähigung an existenzielle Grenzen stößt, sondern auch zu erkennen, dass Inklusion sich darin beschränken kann, ein lebenswertes Leben zu ermöglichen. Allerdings betrachtet sie unter anderem Menschen im Wachkoma und Kinder mit Anenzephalie nicht als „Gerechtigkeitssubjekte", weil sie wegen signifikanter Einschränkungen in Capabilities „subhuman" seien (vgl. Dyckerhoff, 2013, 54; s.a. Spieß, 2014, 5f.). Damit gerät sie in die Gefahr einer potentiellen Gewaltsamkeit, wenn man im Zeichen der Gerechtigkeit für diese Menschen keinen Spielraum sieht, ihnen etwas Gutes zu tun. Es wird nicht eine derartige Inklusion erkannt, dass diese Menschen Teil des Beziehungsgefüges der menschlichen Gemeinschaft

16 Martha C. Nussbaum: Der aristotelische Sozialdemokratismus, in: Dies.: Gerechtigkeit oder Das gute Leben, Frankfurt am Main 1999, 24–85.

sind und daher andere Lebensentwürfe „gestaltend“ beeinflussen können, weil sie als „Gattungsmitglied“ herausdefiniert werden. Spieß meint hier zu erkennen, dass Nussbaum ohne den Menschenwürdeaspekt argumentiert (vgl. ders., 2014, 6).

Bei Nussbaum warten der Staat/die Politik nicht ab, für wie behindert jemand eingestuft wird. Vielmehr schafft der Staat proaktiv ein umfassendes Unterstützungs- und Bereitstellungssystem (vergl. Möhring-Hesse, 2005b, 88; vergl. Andresen/Galic, 2015, 81). Es müsste im Sinne von Nussbaum gesehen werden, dass behinderte Menschen einen Anspruch auf Unterstützung, Assistenz und eine barrierefreie Umwelt haben. Und M. Nussbaum weist darauf hin, dass die Fähigkeiten sich entwickeln müssen bzw. entwickelt werden und dass das wiederum einen großen Einfluss auf die Verwirklichungsmöglichkeiten hat. So entscheidet sich an der Entscheidung, gegen eigenes „Un-Wissen“ vorzugehen, die Chance zu einem aufgeklärten und informierten Leben, was wiederum die Menge an Verwirklichungsmöglichkeiten von morgen beeinflusst (vergl. hierzu bei Leßmann, 2007, 160)[17].

Inklusion würde bedeuten, dass ein „organischer“ Wandel der Gesamtgesellschaft eingeleitet wird, dahingehend, dass Behinderte selbstverständliche Mitglieder der Gesamtgesellschaft sind, ganz selbstverständlich mit ihrem Leben verwoben sind mit dem Beziehungsgewebe der Gesellschaft, damit dieses „atmen“ kann (vgl. hier EKD, 2015, 21–28; Mierzwa, 2017, 243–258). Dieser Prozess müsste systematisch aus einem intersektionalen Denken heraus stattfinden (vgl. Mogge-Grotjahn, 2016, 151ff.). Man verharrt deswegen nicht in der Vorstellung, dass eine vollständige inklusive Gesellschaft aus soziologischer Perspektive nicht möglich ist (vgl. Degenhard bei: Felder/Schneiders, 2016, 32), sondern beginnt mit einer Restrukturierung der Gesellschaft über den „Dritten Sozialraum“ (Klaus Dörner) (siehe den Hinweis, dass mit dem Inklusionsgedanken der Blick auf den Sozialraum aufkommt [vgl. Wunder, 2010/2013, 28; vgl. auch Becker, 2015, 160ff.]; vgl. Mierzwa, 2017, 75ff.)[18], mit der Einführung eines Bedingungslosen Grundeinkommens (BGE) (vgl. von Kardoff, 2010/2013,

17 Zu Martha C. Nussbaum vergleiche auch bei: Sigrid Graumann (2016, 63ff.).

18 Auf das niederländische Konzept „Kwartiermaken“ wäre hier hinzuweisen (vgl. Kal [2010/2013] sowie Ministerium für Soziales, Arbeit, Gesundheit und Demografie Rheinland-Pfals – Autoren Sven Fries und Thomas Meyer [2013, 22–24]). Hier ist

137; Mierzwa, 2018b, 62ff.) oder auch die stärkere Integration von „zivilgesellschaftlichen Disability-Bündnissen" in die repräsentative Demokratie (den Impuls von Steinhart [2010/2013, 70] weitergedacht; Graf Strachwitz weist darauf hin, dass die Zivilgesellschaft einen entscheidenden gesellschaftlichen Mehrwert mit Blick auf Inklusion hervorbringt [vgl. 2015, 64]; vgl. Mierzwa, 2018c, 60) Inklusionsbarrieren qua Rolle oder Kommunikationsmittel abzubauen. Coenen-Marx (2015) verweist darauf, dass von denen, die mit ihrer Verletzlichkeit ringen, oft eine Ermutigung ausgeht, die die Gesellschaft in ihren Brüchen und Umbrüchen gut brauchen kann.

2.6. Inklusion woraufhin? Facetten einer gastfreundlichen und attraktiven Gesellschaft

Welche Vorstellungen von einer Gesellschaft liegen vor, auf die hin Inklusion erfolgen soll? Lohnt es sich überhaupt normativ in diese vorliegende Gesellschaft eine Inklusion zu vollziehen? Ist es überhaupt ein Akt der guten Tat in diese real existierende Gesellschaft zu inkludie-

---

schon viel von dem Realität, was man sich unter dem vorstellt, was im Sozialraum geschehen müsste, mit Blick auf eine gelingende Inklusion. „Kwartiermaken" bezeichnet eine Methode zur Verbesserung gesellschaftlicher Teilhabe von Menschen mit psychischen Beeinträchtigungen in einen Sozialraum. Methodisch gesehen besteht das Konzept aus vier tragenden Säulen: **„Freundschaftsdienste"** – hier bilden Menschen mit psychischen Beeinträchtigungen und freiwillige Bürgerinnen und Bürger ein Tandem. Dabei werden psychiatrieerfahrene Menschen in regelmäßigen Abständen besucht und mit ihnen Zeit verbracht, mit dem Ziel eine Brücke ins Gemeinwesen zu bauen. **„Kwartiermaker"** sind professionelle Akteure, denen die Aufgabe obliegt, die obengenannten Tandems aufzubauen sowie die Bevölkerung einzubeziehen sowie zu informieren. Sie arbeiten zusammen mit Nachbarschaftszentren. **„Multilog-Treffen"** sind eine Art Kommunikationsplattform. Bei den Treffen wird in einer nicht-psychologisierenden Art und Weise über psychische Erkrankungen und psychiatrische Erfahrungen gesprochen. **„Kwartiermakerfestivals"** sind mehrtägige Veranstaltungen, in deren Rahmen sozialraumorientiert versucht wird, Kontaktsituationen und Begegnungen zwischen der Bevölkerung und Menschen mit Psychiatrieerfahrung herbeizuführen. Im Mittelpunkt steht dabei die Kunst. Die „Kwartiermakerfestivals" ziehen Scharen von Menschen an; die Nachhaltigkeit ergibt sich, wenn das Projekt sich wiederholt. „Nur durch regelmäßigen Kontakt können inklusive Prozesse in Gang kommen und bestenfalls sogar Freundschaften entstehen" (Fries/Meyer, 2013, 24).

ren? Kann die „brüchige" Lebensqualität der realen Gesellschaft es überhaupt sinnvoll erscheinen lassen, dass in diese Richtung Inklusionsanstrengungen zu unternehmen sind? Ist das gesellschaftliche „Innenleben" überhaupt so attraktiv, dass es sich lohnt auf Inklusion unter den gesellschaftlichen Standards zu setzen? Können in „exkludiertem Leben" vielleicht nicht sogar normativ attraktive Lebensentwürfe auszumachen sein, so dass eine Inklusion in die Exklusion attraktiver und normativ vielversprechender ist? Oder bedeutet Inklusion eine Totalrevision der Gesellschaft, damit Gewalt, Einsamkeit, Gleichgültigkeit (vgl. Mierzwa, 2011, 477–529), Herablassung und Armut (vgl. Mierzwa, 2018b, 1–22) verschwinden? Sind also Anfragen an gewisse „Containervorstellungen" vom „Innenleben" der Gesellschaft angebracht, damit man endlich weiß, was für eine Inklusion es sein soll, die als Inklusion vollzogen werden sollte? Ist vielleicht eine Inklusion nur dann perspektivisch, wenn es zu normativ gehaltvollen Transformationsprozessen kommt (vergl. Mierzwa, 2014, 2017, 2018 etc.)? Es scheint wohl zu sein, dass wenn von Inklusion „gesprochen" wird, zu leichtfertig präskreptiv ein „guter Raum" „Gesellschaft" angenommen wird, woraufhin Inklusion erfolgen könnte (vgl. Becker, 2015, 13ff.; 120f.)?

Meine bisherigen Forschungen zeigen allerdings auf, dass noch entscheidendes geschehen muss, damit ein „Raum" entsteht, in dem es Empathie (vgl. Mierzwa, 2014, 62–89), Gewaltlosigkeit, Entschleunigung (vgl. von Kardoff, 2010/2013, 137), Solidarität (vgl. Mierzwa, 2017), eine Konkurrenzreduktion und mehr Beziehungshaftigkeit, eine Care-Orientierung, eine Reduktion der ökonomischen Rationalität, eine Kultur des Weniger (vgl. Mierzwa, 2020a, 120–125) und des Teilens (vgl. Mierzwa, 2017, 222–225) etc. gibt. Erst unter dem Vorzeichen dieser normativ gehaltvollen Vorstellungen eines „guten Raumes" ist es sinnvoll zu sagen, dass eine Inklusion stattfinden könnte. Wunder weist ausdrücklich darauf hin, dass inklusive Maßnahmen auch ihren Augenmerk darauf haben müssen/müssten, Gemeinschaften, Strukturen und Systeme zu entwickeln und sich nicht in Einzelmaßnahmen erschöpfen dürften (vgl. ders., 2010/2013, 27). Und das kostet Geld, merkt Uwe Becker an (vgl. ders., 2015, 169).

Bei einer Inklusion in eine „neoliberal" gestaltete Gesellschaft – wo der Mensch nur noch als Ressource rsp in seiner ökonomischen

Brauchbarkeit betrachtet wird (vgl. Herbst, 2015, 15) – könnte höchstwahrscheinlich behindertes Leben zusätzlichen Schaden nehmen – das sieht Herbst nicht so deutlich (vgl. ders., 2015, 19) im Gegensatz zu Becker (2015, 2016, 2017).

Bei einer Inklusion in einen „Mobilisierungsstaat" mit einer „Moral der Selbstaktivierung", wo jeder dann selbst laufen muss, selbst durchhalten lernen muss (vgl. Becker, 2015, 59–68; s.a. von Kardoff, 2010/2013, 130f.), um das Ziel der Inklusion dann letztlich selbst zu erreichen wird überstark ausgeblendet, dass es nicht weg zu diskutierendes und sprechendes „impairment" und „disability" gibt und das führt wie bei der Resilienzdiskussion dazu, dass die Notwendigkeit einer grundlegenden Veränderung der Situation in den Hintergrund rückt, vor einer Dekontamination der gesellschaftlichen Zustände ausgewichen wird und die Aufrechterhaltung des Status quo geduldet wird (vgl. besonders auch Becker, 2015, 67f.).

Bei einer Inklusion in eine nicht radikal demokratisierte Gesellschaft könnte eventuell die Aufhebung der Fremdbestimmung behinderten Lebens nicht vollständig gelingen und die Orientierung an Klientelgruppen sowie an gruppenbezogenen Kategorisierungen nicht überwunden werden (vgl. hier Wunder, 2010/2013, 27).

Bei einer Inklusion in eine Gesellschaft, die nicht die starkem Hierarchien und Top-down-Strukturen überwindet, wird womöglich das Ziel der Gewaltlosigkeit nicht richtig erreicht werden können und die Liebe nicht „aufblühen" können (gegen die Anmerkungen von Ndjimbi-Tshiende, 2017, 97–100).

Bei einer Inklusion in einer Gesellschaft, die nur wenig die „Freude" kennt (vgl. Dalai Lama/Desmond Tutu, 2019, 97–184; s.a. Becker, 2015, 21), wird behindertes Leben sich nur schwer „verlebendigen", „entfalten" und „co-kreativ" werden können. Behinderte Mit-Menschen werden auch weniger bereit sein mit-zu-denken und zu „sinnstiftendem" Tun zu finden.

Bei einer Inklusion in eine Gesellschaft, wo nicht jeder Mit-Mensch wirklich gewollt und „anerkannt" ist (vgl. Becker, 2015, 28), wo noch nicht „Scham" infolge von Ausgrenzung verschwunden ist, wird bei behinderten Leben kein „Gefühl der Normalität" aufkommen, wird Normalität weiterhin an einem „Nicht-Ort" verortet sein.

Bei einer Inklusion in eine Gesellschaft, wo Inklusion an einer versagenden Bildungspolitik schon aufzulaufen beginnt (vgl. Becker, 2015, 30ff.; 152f.), wird behindertem Leben derzeit frühzeitig klar, dass Inklusion „anscheinend" derzeit in der Bundesrepublik politisch (noch) nicht gewollt ist (vgl. ders., 44ff.).

Bei einer Inklusion in eine Gesellschaft, wo Menschen Leid verleugnen, sich nicht mit dem Tod auseinandersetzen, Ekelbarrieren nicht bearbeiten (vgl. Becker, 2015, 40) usw., werden so viel Abwehrprozesse bestehen, so dass Menschen mit Behinderung und ihr Wunsch nach Inklusion von seinem „innersten Wesen" von der Gesellschaft nicht verstanden wird und die notwendigen Anforderungen an einen Inklusionsprozess nicht realisiert werden.

3. Kapitel: Teilbereiche der Inklusion[19]

Da die Gegenwartsgesellschaft sich als eine (funktional) ausdifferenzierte Gesellschaft mit unterschiedlichen Teilsystemen darstellt, ist Inklusion als Einbeziehung in die Gesellschaft stets mehrdimensional zu denken, „als eine Art Mehrfach-Inklusion in verschiedene Aspekte des Lebens (gleichzeitig), die sich über unterschiedliche Rollen des Individuums verwirklicht, zum Beispiel als Schüler_in, als Konsument_in oder Erwerbstätige_r, als Elternteil, Sportfan, Bürger_in u.s.w." (Wansing, 2015, 47).

3.1. Kita, Kindergarten und Krippe

Solidarität mit den besonders herausfordernden Kindern in der Kita, den Krippen und Kindergärten, das bedeutet zunächst einmal „die Perspektive des Kindes einzunehmen" (Wolters, 2014, 54), dann aber auch „die Einrichtung und die Pädagogik mit neuen Augen zu sehen" (dies.). „Es muss neu über eine Lernumgebung nachgedacht werden, die auch unter erschwerten Bedingungen zu Selbstständigkeit verhilft. Neben der neuen pädagogischen Haltung ist eine gute Versorgung der Kinder mit Brille, Prothese, Schiene oder Hörgeräten parallel dazu genauso wichtig. Und stets muss überlegt werden, was wann seinen Platz hat" (Daniela Kobelt Neuhaus in: dies., 54). Im Kitabereich, so wird festgestellt, gelingt Inklusion am ehesten, weil da kein Leistungsdruck und keine Angst ist (vgl. dies., 62). Eigen-Sinn und Solidarität nehmen, das macht das Motto „Starkes Ich und starkes Wir" eines Berliner Kinderladens deutlich, einen erheblichen Stellenwert bei der Inklusionsarbeit ein (vgl. dies., 62).

19 Zusammengesetzt und überarbeitet aus Mierzwa (2017, 248ff.) und Mierzwa (2018b, 89ff.)

3.2. Bildungssystem

Ein inklusives Bildungssystem muss nach Katarina Tomasevskis vier Aspekten gerecht werden: availibility (Verfügbarkeit), accessibility (Zugänglichkeit), acceptability (Akzeptierbarkeit) und adaptibility (Anpassungsfähigkeit). Was bedeutet das? „Verfügbarkeit heißt: Bildung muss als allgemeines Gut allen Kindern verfügbar sein; Bildung in separierten Einrichtungen widerspricht dem Gleichheitsgebot. Zugänglichkeit bedeutet: Bildungseinrichtungen müssen für alle erschwinglich sein, barrierefrei und wohnortnah sein. Akzeptierbarkeit meint: Kinder haben das Recht auf Teilhabe am gleichen Curriculum. Das ist nur möglich in einem Umfeld der fortgeschrittenen Pädagogik und Methodik. Außerdem bezieht der Begriff notwendige und angemessene Ressourcen mit ein. Anpassungsfähigkeit bedeutet: Die Schule orientiert sich an den Lebenslagen und den unterschiedlichen Bedürfnissen der Kinder. ‚Welcome diversity' räumt in der inklusiven Bildung den Kindern das Recht auf Verschiedenheit ein" (Workshop 10 in: Angermüller/Buckel/Rodrian-Pfennig (Red.), 2012, 186).

Das inklusive Bildungssystem, das sich an diesem 4A-Schema orientiert und zu dem sich Deutschland in der UN-Behindertenrechtskonvention verpflichtet hat, ist, breitflächig betrachtet, noch nicht in Sicht (vgl. Workshop 10 in: Angermüller/Buckel/Rodrian-Pfennig (Red.), 2012, 186; Wolters, 2014, 67; A. Schäfer, 2015). Es gibt zwar hier und da eine inklusive Klasse (vgl. Wolters, 2014, 68f.) bzw. gelegentlich einen inklusiven Schulversuch (vgl. dies., 70, 82ff.), aber systematische Anstrengungen sind nicht in Sicht. Das dreigliedrige Schulsystem ist für sich genommen auch eher selektiv als inklusiv (vgl. dies., 84). Die erforderlichen Strukturen eines inklusiven Bildungssystems sind noch lange nicht aufgebaut, Teilhabe ist noch lange nicht sichergestellt (vgl. dies., 67). „Die praktische Umsetzung des Inklusionsgedankens leidet (…) arg unter dem Sparzwang" (dies., 68). So fällt der sonderpädagogische Förderbedarf häufig dem Vertretungspool zum Opfer (vgl. dies., 77). Oder Ämter streiten sich um die Finanzierung einer Schreibassistenz (vgl. dies., 87). Viele Lehrer sind mit Blick auf die Inklusionsherausforderung von ihrer Kompetenz her stark überfordert. Auch findet sich nicht flächendeckend in den Schulen die zur Inklusion notwendige Haltung. „Inklusive Schule bedeutet Menschlichkeit (...)"(Workshop 10 in: Angermüller/Buckel/Rodrian-Pfennig (Red.), 2012, 187). So ist Inklusion nicht ohne eine wertschätzende Haltung möglich sowie die Fähigkeit zu einer Beziehungsarbeit (vgl. Wolters, 2014, 94). Formale Prozedere bei der Antragstellung für Hilfsmittel verhindert zuweilen eine optimale Versorgung (vgl. dies., 91f.). Mit dem Focus auf inklusive Bildung sollte auch der Zugang zu Gebärdensprache und Braille sichergestellt sein und in dieser Technik kompetente Lehrer/-innen bereitstehen (vgl. Degener, 2015a, 162).

Welche Maßnahmen sind in absehbarer Zukunft durchzuführen, damit mehr Inklusion gelingt? 1) „Parallelangebote" sind abzubauen. 2) Ein Abschulungsverbot muss sich durchsetzen; d.h. einmal angenommene Kinder dürfen nicht wieder abgegeben werden. 3) Die Lehrer/-innen-aus- und -fortbildung in Richtung einer inklusiven Pädagogik ist voranzutreiben. 4) Dann sollte man die „Tür zumachen". D.h. es soll keine Neuaufnahme an Förder- und Sonderschulen stattfinden. 5) Schulen sollen sich einer Überprüfung ihrer Haltung unterziehen. 6) Ein Bundesschulgesetz, das Inklusion festschreibt, muss kommen. 7) „Die Herzen öffnen" – durch Aufklärungsarbeit, Gespräche gegen die Angst usw. 8) Ein Dialogprozess ist zu beginnen – also gemeinsames Erkunden, ein gemeinsames Austauschen über Werte und innere Bilder, dies alles mit offenem Ausgang, aber enthierarchisiert und heterogen. (Workshop 10 in: Angermüller/Buckel/Rodrian-Pfennig (Red.), 2012, 188ff.).

Es werden erste Erfahrungen gesammelt, dass Kinder und Jugendliche mit Körper-, Seh- und Hörbehinderung sowie Lernschwierigkeiten Unterstützung durch digitale Medien erfahren. Aber es wird ganz deutlich auch gesagt (vgl. Christine Lindner), dass der Rückgriff auf digitale Medien für Menschen mit Behinderung nicht nur mit dem Ziel erfolgen sollte, um das Lernen zu optimieren – auch das Spiel sollte möglich sein (vgl. tjfbg gGmbH, Berlin, o.D.)[20]. Allerdings sollte an dieser Stelle auch die Frage aufgeworfen werden, was die Strahlung bei WLAN-Angeboten etc. mit Menschen mit Behinderung macht/

20 Vgl. https://www.tjfbg.de/fileadmin/tjfbg/user_upload/aktuelles/2018/Digitale_Medien_im_inklusiven_Einsatz.pdf abgerufen am 26.03.2020

machen könnte. Können dadurch schon geschwächte Immunsysteme zusätzlichen Schaden erleiden (vgl. Pfluger, 2020)[21]?

3.3. Freizeitbereich

Freizeit trägt zur Persönlichkeitsentwicklung bei; Freizeit ist ein Spiegelbild der Lebensqualität. Es gibt eine Vielzahl von Erschwernissen für behinderte Mitbürger, um eine gute Freizeitkultur leben zu können. Hobbys und Freizeitgestaltungsmöglichkeiten bleiben z.B. für geistig behinderte Menschen oft nur Träume (vgl. Markowetz, 2006, 55). Weil die Freizeitgestaltung weniger ein geselliges Moment aufweist, erfahren (geistig) behinderte Mit-Menschen Langeweile (vgl. ders.). Aber dass es auch bei geistig behinderten Menschen Freizeitbedürfnisse gibt, das unterscheidet sie hierbei eigentlich nicht von nicht-behinderten Menschen.

„Einschränkungen der Bewegung, der Mobilität und der Kommunikation wirken sich besonders auf das Freizeitverhalten behinderter Menschen aus“ (Markowetz, 2006, 56). Hier ist unter anderem ein Abbau von Barrieren/Schranken im Kopf gefordert, „damit sie in gleichem Umfang wie nicht behinderte Menschen auch ihren Freizeitbedürfnissen nachkommen können“ – zum Beispiel die Möglichkeit der Teilnahme eines jungen Erwachsenen mit Down-Syndrom an einem Rockkonzert „mit einer Cola“, weil man ihn nicht mehr als „lebenslanges Kind“ (vgl. ders., 60) betrachtet.

Frei aus dem Freizeitangebot tatsächlich wählen zu können und ein aktives Subjekt im Freizeitbereich sein zu können ist Ausdruck von Inklusion (vgl. ders., 58). Das wird nur möglich, wenn die Städte immer mehr zur „Stadt für Alle“ (ders., 61) werden und den Bedürfnissen der behinderten Mit-Bürger*innen bei der Freizeitinfrastruktur entgegenkommt.

Im Freizeitbereich gibt es noch wenig Inklusionsangebote, u.a. weil sich zu wenige das Zusammenkommen allein aus Freude an Spiel und

21 Ich zitiere diese Quelle auch mit dem Wissen und der Abgrenzung von dem in dem Beitrag zitierten Dirk Müller, der unkritisch sich gegenüber der AFD äußerte (vgl. https://www.youtube.com/watch?v=Re-6AabyMfU).

Spaß vorstellen können. Viele Freizeitangebote sind mit einem erheblichen Leistungsdruck durchsetzt (vgl. Wolters, 2014, 99f.). Wenn aber Akzeptanz und Respekt vorhanden sind, dann kann Inklusion im Freizeitbereich gelingen (vgl. dies., 103–108).

Barrierefreiheit im Freizeitbereich entscheidet sich nicht nur an Aufzügen, abgesenkten Bordsteinen, Rampen usw.. Auch eine leichte Sprache in Programmheften oder die Preisgestaltung bei Veranstaltungsangeboten kann signalisieren, ob Menschen mit Handicap willkommen sind (vgl. Kästner, 2015).

Der Freizeitbereich (z.B. beim Besuch eines Restaurants) ist dann inklusiv, wenn hier „gelebte Kontakte" zwischen behinderten und nicht behinderten Menschen immer mehr zugelassen werden und qualitativ ausgebaut werden (vgl. Markowetz, 2006, 61). Damit das möglich wird, werden noch Schranken in den Köpfen der Menschen fallen müssen. Ein Entstigmatisierungsprozess ist einzuleiten. Dies gesagt im Sinne des ethischen Grundwertes „Respekt".

Die finanzielle Förderung von Freizeitangeboten ist ausbaufähig (vgl. ders., 62).

Im Interesse einer verbesserten Freizeitassistenz für behinderte Mit-Menschen ist diese als „Beruf" zu etablieren – mit entsprechenden Kompetenzen und Zusatzqualifikationen (vgl. ders., 63f.).

3.4. Arbeitswelt

Im Kontext von Inklusion und Arbeitswelt ist die Ableismus-Forschung und -Diskussion relevant. Sie problematisiert „irrationale, verletzende, grausame und unplausible Konzeptionen von Fähigkeit (und damit auch Behinderung), die eng mit Vorstellungen der Leistungsgesellschaft" und Leistungsgerechtigkeit verknüpft sind (vgl. Buchner/Pfahl/Traue, 2015, 1, 3 und 6). Es wird ein kritischer Blick auf den Fähigkeitsdiskurs im Neoliberalismus geworfen und die dort herrschende Neigung, Menschen sehr stark nach Produktivkräften zu sortieren. Hier wird kritisch hinterfragt, was in Blick auf die Arbeitskraft Normalität, Gesundheit und Funktionsfähigkeit bedeuten. Es wird viel zu schnell im Neoliberalismus aussortiert, wie es an meiner Biografie deutlich wird. Unter dem Neoliberalismus ist ein Klima entstanden, das aufgrund des Fähigkeits-Diskurses gegenüber Behinderten eine verbreitet auftretende Haltung der Ausgrenzung und Geringschätzung produzierte. Behinderte werden eher der Zone des „Schonens“ und „Helfens“ zugewiesen. Das „Können-Müssen“, als gesellschaftlicher Zwang, greift bei ihnen weniger/geringer und Prozesse der Befähigung werden weniger initiiert resp. in Gang gesetzt.

Dann zeigt ein Beitrag im Ärzteblatt (4. Okt. 2013) zu Menschen mit Schizophrenie, dass hier eine weltweit so starke Stigmatisierung erfolgt, dass sie erhebliche Probleme haben, einen Arbeitsplatz zu erhalten. Mit Blick auf diese Zielgruppe fand bisher eine Inklusion in den Arbeitsmarkt, wegen den vielen Vorurteilen, nahezu gar nicht statt. Aber man sollte mit Tuula Rouhiainen (in Hartwig Hansen, 2013) würdigen, dass durch Beharrlichkeit, Ausdauer, Widerstandskraft, Willenskraft, Durchhalte- und Durchsetzungsvermögen Wege aus der Psychose möglich sind und schizophrene Kommunikation (vgl. Watzlawick, 2011, 37–39) endgültig zurückgelassen werden kann. Es gibt Perspektiven für diese Personengruppe in der Arbeitswelt, sie werden erschlossen, wenn man sich nicht auf das Gerede einlässt „die Erwartungen an einen guten erfüllenden Arbeitsplatz herunterzuschrauben“ (vgl. Schramm, 2013). Die Inklusionsrampe, also der Beitrag der Barrierefreiheit, wären hier Job-Coaches für Arbeitsplätze auf dem freien Markt[22].

22 Für Hintergründe zu der Erkrankung möchte ich folgende Literaturhinweise geben: Heinz Häfner: Das Rätsel Schizophrenie. Eine Krankheit wird entschlüsselt, München 3(2005); Roman Preist: Mein Leben in zwei Welten. Innenansichten einer Schizophrenie, München 2008; Asmus Finzen: Schizophrenie. Die Krankheit verstehen, behandeln, bewältigen, Psychiatrie Verlag 2011; Paul Watzlawick: Man kann nicht *nicht* kommunizieren. Das Lesebuch, Huber 2011; Hartwig Hansen (Hg.): Der Sinn meiner Psychose. Zwanzig Frauen und Männer berichten, Paranus Verlag 2013; Thomas Boch: Eigensinn und Psychose. „Noncompliance“ als Chance, Paranus 6(2014); Hans-Jürgen Möller: Schizophrene Psychosen, S. 156–183 in: Hans-Jürgen Möller/Gerd Laux/Arno Deister: Psychiatrie, Psychosomatik und Psychotherapie, Stuttgart 6(2015). Aber dem Beitrag von Stefanie Schramm ist zu entnehmen, dass die Stigmatisierung weniger durch Aufklärung und Wissen zu überwinden ist, sondern über Erfahrung und Begegnung (vgl. Stefanie Schramm: Psychisch krank und berufstätig. Mitten ins Leben, 8 Seiten, aus der Zeit 46/2013 (7. Nov. 2013) unter https://www.zeit.de/2013/46/psychologie-therapie-arbeit/komplettansicht abgerufen am 29.03.2020).

Wenn man nach einer inklusiven Arbeitswelt Ausschau hält, dann wird sehr schnell deutlich, dass dies eine Realität mit vielen Brüchen und teilgelungener Wirklichkeit ist. Es gibt aufgeschlossene Arbeitgeber (vgl. Wolters, 2014, 150f., 154ff., 160ff.), aber es gibt auch viele Unternehmen, die sich „freikaufen": „Rund 135000 Unternehmen gibt es in Deutschland, die Schwerbehinderte beschäftigen müssten. So weit die Theorie. Die Praxis sieht anders aus: Etwa 38000 Betriebe täten das nicht (…)" (dies., 149). Dadurch kommen über die Ausgleichsabgabe im Jahr 2010 466,5 Millionen Euro zusammen (vgl. dies., 165). 3000 Behinderte mit Abitur, Hochschulabschluss oder Promotion suchen eine Berufsperspektive (vgl. dies., 149). „Das Risiko ist zu hoch, der gute Wille zu schwach und der mutige Chef fehlt zu oft. So übergehen Arbeitgeber Behinderte weiter. Sie laden pro forma zu Vorstellungsgesprächen, weil das Gesetz sie zwingt, und kaufen sich dann doch lieber frei", schreibt Yvonne Weindel (vgl. dies., 150). Und dennoch ist Bewegung möglich, wenn Inklusion eingefordert wird. Allerdings besteht eine „Kommstruktur" bei den Behörden, d.h. sie reagieren zum Teil häufig erst, wenn nachgefragt wird. Das führt dazu, dass Inklusionspotentiale unausgeschöpft sind (vgl. dies., 161 und 163). Die Integrationsfachdienste machen im Kontext von Inklusion viel möglich – sie klären auf, sie sensibilisieren und setzen Notwendiges um (vgl. dies., 166). Aber dennoch haben wir es in Deutschland mit einer „selektiven" Inklusion zu tun (vgl. Römisch, 2018, 145)[23].

---

23 „In Deutschland besteht die Gefahr, dass die Gruppe der behinderten Menschen auf eine bestimmte Gruppe ‚reduziert' wird. Die meisten statistischen Daten über die Lebenssituation behinderter Menschen, so auch der Teilhabebericht, beziehen sich vor allem auf die Personen mit Schwerbehindertenausweis, die im Laufe ihres Lebens eine Schwerbehinderung erlangen. Dies ist insbesondere im Arbeitsleben der Fall. Als ein Beispiel sei die Ausgleichsabgabe erwähnt. Private und öffentliche Arbeitgeber mit 20 Arbeitsplätzen sind in Deutschland verpflichtet, 5% ihrer Arbeitsplätze mit schwerbehinderten Personen zu besetzen. Wenn sie dies nicht tun, müssen sie eine Ausgleichsabgabe bezahlen (SGB IX). Im öffentlichen Sektor wird die Quote über-, im privaten Sektor nicht ganz erfüllt (…). Hiervon profitieren in der Regel aber diejenigen Arbeitnehmer*innen, die im Laufe[korrigiert R.M.] ihres Arbeitslebens eine Schwerbehinderung zum Beispiel durch eine chronische Erkrankung erlangen. Menschen, die von Geburt an eine Behinderung haben, insbesondere Menschen mit geistiger Behinderung und Menschen mit schwersten Behinderungen profitieren hiervon kaum. Die Lebenssituationen dieser Personengruppen unterscheiden sich erheblich. Schon die Personen, die im Laufe ihres Berufslebens eine Beeinträchtigung erlangen, erfahren auf dem Arbeitsmarkt eine

Ähnlich wie im Bildungsbereich wird diskutiert, ob „beschützende" Beschäftigungseinrichtungen wie die Werkstätten für behinderte Menschen (WfbM) gänzlich abzuschaffen seien oder ob jedenfalls ihre Laufzeit (bis zur Abschaffung) zu begrenzen sei, „weil die Segregation in solchen Einrichtungen als Verletzung der Menschenrechte einzustufen sei" (Trenk-Hinterberger, 2015, 108). Ein vorläufige Antwort auf die Diskussion dieser Position (vgl. ders., 108) könnte sein: „Anstatt zwischen der (sofortigen oder zumindest baldigen) Abschaffung der WfbM bis hin zum weitgehenden Bewahren der Einrichtungen in ihrer jetzigen Gestalt zu polarisieren, dürfte es den Vorgaben des Artikels 27 UN-BRK eher entsprechen, faktische Monopole im Bereich der ‚geschützten Beschäftigung' zu beseitigen, den öffentlichen Beschäftigungssektor auszubauen und innerhalb dieses Sektors die WfbM zu sozialräumlich organisierten ‚Sozialunternehmen' zu entwickeln, die mit dem allgemeinen Arbeitsmarkt (im Sinne einer Brückenfunktion) vielfältig vernetzt sind, die differenzierte Beschäftigungsmöglichkeiten organisieren und die solche Teilhabe am Arbeitsleben für alle behinderten Menschen bieten, die am allgemeinen Arbeitsmarkt ohne Chancen bleiben (...)" (ders., 109).

Zukunftsperspektive ist ein „Arbeits-Markt-für-Alle", wo „Menschen mit und Menschen ohne Behinderungen" zusammen arbeiten sollen können. „Alle sind bei der Arbeit dabei". Und: „Alle arbeiten mit". Bei einer Orientierung an der Perspektive „Arbeits-Markt-für-Alle" können alle Menschen Arbeit bekommen und es ist dabei egal, ob eine Behinderung vorliegt. Dabei muss die Unterstützung zu dem Menschen (mit Behinderung) passen. Hindernisse bei der Arbeit wer-

deutlich schwierigere Situation als nichtbehinderte Menschen. Das wird in allen Arbeitsmarktstatistiken deutlich. Umso schwieriger gestaltet sich die Situation für Menschen, die von Geburt an eine Beeinträchtigung haben. Aber auch innerhalb dieser Personengruppe zeigen sich erhebliche Unterschiede, nämlich zwischen körperlich- und sinnesbeeinträchtigten Menschen und den eben genannten Menschen mit geistiger und schwerster Beeinträchtigung. Insgesamt zeigt sich eine gesellschaftliche Tendenz, Inklusion für einen bestimmten Personenkreis zu sehen und Gruppen auszumachen, die als inkludierbar gelten. Inklusion fragt aber ‚nicht nach dem Grad der Behinderung. Wer Inklusion an der Schwere der Behinderung festmacht, hat nicht verstanden, um was es geht' (Reimann 2014). (...) Diejenigen, die als schwer beeinträchtigt bezeichnet werden, laufen Gefahr, von Inklusionsprozessen ausgeschlossen zu werden und als ‚Restgruppe' in den bestehenden Sonderinstitutionen zu verbleiben" (Römisch, 2018, 145).

den mit Hilfsmitteln beiseite geräumt. Jede/r im „Arbeits-Markt-für-Alle“ ist für Bildung ansprechbar bzw. für jede/n müssen gut zum Arbeitsplatz passende Bildungsangebote gemacht werden. Alle können hierbei so gut verdienen, dass sie die Grundbedürfnisse gut befriedigen können. Weitere Optionen, die als Grenzüberschreitung bisheriger arbeitsmarktpolitischer Maßnahmen für Behinderte anzusehen sind, sind, dass den Behinderten eine echte Wahlfreiheit hinsichtlich Arbeit zugestanden werden muss und dass Menschen mit Behinderung eine eigene Firma haben sollen können. Frauen mit Behinderungen müssen mehr Möglichkeiten bekommen. Die Ausgleichs-Abgabe muss teurer für die Firmen/Betriebe werden, so dass das Einstellen von Behinderten günstiger ist. Es soll auf dem Weg dorthin an dem Abbau von „mentalen“ und „sachlichen“ Hürden gearbeitet werden, damit der Transfer von einer Werkstatt für Behinderte zu „anderen Arbeitsplatzanbietern“ leichter fällt. Der Assistenzbedarf kann hierbei eventuell steigen. Das Management eines „Arbeits-Marktes-für-Alle“ soll nicht zu sehr aufgesplittert sein in diverse verschiedene Zuständigkeiten (vgl. Vieweg, 2018).

Unter Rücksicht auf die bisherige Diskussion sei daher auf die CAP-Lebensmittelmärkte hingewiesen. Das CAP-Lebensmittelmärkte-Konzept ist ein gelungenes Projekt zur Inklusion (www.cap-markt.de). Bei den CAP-Lebensmittelmärkten wird nicht gewinnmaximierend gewirtschaftet, auch wenn geplante Umsatzzahlen erreicht werden sollten. Hier werden im großen Umfang Menschen mit Behinderung beschäftigt. Und die Arbeitsplätze werden entsprechend den Erfordernissen gestaltet – z.B. barrierefreie Kassentische, Sondertastaturen mit Brailleschrift, elektronische Lupe usw. Die Inklusionsquote ist hier hoch. Die CAP-Märkte im Verbund der Neuen Arbeit (Stuttgart) beschäftigten Ende 2015 278 Menschen, davon 129 Mitarbeitende mit Behinderung. Aber es werden auch Standards gesetzt, weil sich die behinderten Mitarbeiter_innen ihren Arbeitsplatz erwirtschaften müssen. Daher wird zwar alles getan, um die Behinderung zu kompensieren; wenn aber der/die behinderte Mitarbeiter_in nicht die notwendige Leistung erbringen, kann er/sie nicht eingestellt bzw. weiterbeschäftigt werden. Aber es wird auch Inklusion beim Service gelebt. Geh- und sehbehinderte Menschen werden auf Wunsch beim Einkaufen im Markt begleitet. Und es gibt zusätzlich einen kostenlosen Lieferservice, der auch von älteren Menschen gerne angenommen wird. Es gibt Grenzen der Handhabbarkeit von psychologischen Problemen rsp. privatem und finanziellem Kummer. Hier steht der Integrationsfachdienst im Hintergrund, der bei Bedarf eingeschaltet wird. Es wird mit viel Empathie, Mitmenschlichkeit und Respekt geführt und geleitet (vgl. Infoprospekt zu den CAP-Lebensmittelmärkten im Verbund Neue Arbeit).

Ein anderes gutes Inklusionsprojekt ist das Restaurant Freistil in Kiel. Inklusion findet hier „still" statt, um einerseits zu vermeiden, dass jemanden ein Stempel aufgedrückt wird und um andererseits den Teamgeist zu fördern. „Etwa die Hälfte der 20 Mitarbeiter sind Menschen mit Handicap". „Nur die Posten des Restaurantleiters und Küchenchefs ‚sind Spezialisten vorbehalten'". Alle anderen Aufgaben werden von Menschen mit und ohne Handicap übernommen – weder in der Küche noch im Service gibt es eine Abgrenzung. Gelingt etwas beim Servieren nicht, dann entschuldigt man sich beim Gast, ohne auf das Handicap hinzuweisen. Im Freistil darf nie Hektik aufkommen; die Dinge werden den Menschen mit Handicap ganz ruhig erklärt, selbst wenn es stressig ist. Auch in der Küche herrscht kein rauer Ton, was im Gastronomiebereich eher ungewöhnlich ist. Eine Kultur des Vertrauens gibt den Menschen mit Handicap die Kraft alles gut zu machen (Georg Meggers in: HEMPELS Nr. 262 2/2018, 10–16).

3.5. Selbstbestimmtes Leben

Selbstbestimmtes Leben ist für Menschen mit Handicap eine Herausforderung, denn es wird nur wenig auf die Möglichkeiten hingewiesen (vergl. Wolters, 2014, 178). Und dennoch gibt es schon viele solidarische inklusive Wohnprojekte. König/Leonhardt (2015) weisen auf diverse inklusive Wohnformen in Trier, in Freiburg, Halle, Berlin, München, Marburg, Reutlingen und die Lebensgemeinschaften der Arche hin. Häufig ist es aber so, auch wenn der/die „Betroffene selbst gut informiert ist und den Wunsch nach betreutem Einzelwohnen vorbringt", dass es dann oft heißt „so ein Firlefanz würde nicht finanziert" werden (vergl. Wolters, 2014, 167). Damit bei Menschen mit geistiger Behinderung die Inklusion in einer Wohngegend (z.B. als Wohngemeinschaft) gelingt, ist auch die Akzeptanz durch die Wohnumgebung gefragt (vergl. dies., 186–189). Bei mancher (geistigen) Behinderung kommen Perspektiven eines selbstbestimmten Wohnens von den Eltern und den Betroffenen auch zunächst einmal auch kaum in den Blick. Und dann vermieten Vermieter und Genossenschaften auch nicht gern an Behinderte (vergl. dies., 196). Es gibt allerdings auch Einschränkungen, wo an ein selbständiges Leben tatsächlich nicht zu denken ist. Und dennoch wird im Heimalltag häufig zu stark „Behütung und Versorgung" gelebt, ausgehend von einer Konstruktion (geistiger) Behinderung als kindlich-hilflos und unmündig, so dass persönliche Interessen der Bewohner kaum zum Ausdruck kommen bzw. ausgelebt werden können (vergl. Trescher/Börner, 2016, 6f.). Man kann ambulant betreut wohnen oder in vollstationären Einrichtungen wie Wohnheimen. Hier bestehen unterschiedliche Spielräume für ein selbstbestimmtes Leben. So kann es z.B. auch in Wohnheimen möglich sein, Partnerbeziehungen einzugehen, aber längst noch nicht in allen Einrichtungen. Lebt man ambulant betreut, muss der Betreute sich ein selbst zugeschnittenes Leistungspaket aus verschiedenen Hilfen zusammenpacken. Damit man selbstbestimmt leben kann, ist auch das barrierefreie Konto eine neue Innovation. Dadurch können Menschen „Home-banking" machen und im Internet einkaufen (siehe dazu das Pilotprojekt der Evangelischen Bank mit dem Annastift in Hannover in: EinBlick 3/2015, 5). Um noch einmal auf die Liebe zurückzukommen. Es ist ein Inklusionsschritt nach vorne, dass den Menschen hier mittlerweile Lebensmöglichkeiten eröffnet werden – es gibt mehr als 50 Partnervermittlungen und Onlineportale für die Partnersuche von Menschen mit Handicaps (vergl. Wolters, 2014, 169). Die Betroffenen möchten als Menschen wahrgenommen werden, die hierbei auch Bedürfnisse haben. Sie fordern daher auch das Recht auf Partnerschaft, Liebe und Sexualität ein. Und sie fordern auch, wie es ihnen von der UN-Behindertenrechtskonvention zugestanden wird, das Recht ein, eine Familie zu gründen. Es ist noch eine sehr junge Entwicklung und Ausdruck einer stärker sich abzeichnenden Inklusion, dass Behinderte Familien gründen, Kinder haben (vergl. dies., 170). Praktisch betrachtet ist bei der Realisierung von Elternschaft im Kontext von Handicap/Behinderung noch viel Kreativität gefragt (vergl. dies., 171f.). Die Elternassistenz ist ein Angebot, das Eltern in ihren Grenzen unterstützt.

Aber sie muss von den Betroffenen mitfinanziert werden. „Ob diese Hilfe gewährt wird, ist bisher von Stadt zu Stadt und Amt zu Amt unterschiedlich. Hier ist noch viel zu tun" (dies., 173).

3.6. Medien

Medien können zu einer Stigmatisierung von Menschen mit Behinderung beitragen – auch wenn sie akkurat die Behinderung porträtieren, wie die Schizophrenie im Film „Angel Baby", aus dem Jahr 1995 (vergl. Ritterfeld/Hastall/Röhm, 2014, 3). Ganz grundsätzlich fällt auf: „Während Menschen mit psychischer Erkrankung häufig als Gefahr für sich sowie die Gesellschaft dargestellt werden, erscheinen Menschen mit körperlicher und intellektueller Beeinträchtigung eher als hilfsbedürftig, unselbstständig und mitleidserregend" (dies., 2). „Stigmatisierende Darstellungen finden sich dabei in allen Medienformaten von Zeitungen, Zeitschriften, Comics und Cartoons über Radio, Film und Fernsehen bis hin zu elektronischen Medien und Webseiten" (dies., 3). „Die betroffenen Personen und Gruppen erfahren in der Folge häufig Barrieren im Bereich Bildung, der gesellschaftlichen Teilhabe sowie gesundheitlichen Versorgung und leiden unter geringem Selbstwertgefühl und einer eingeschränkten Lebensqualität (…)" (dies., 3).

Ausgehend von einem negativen Befund hinsichtlich der Konstruktion von (geistiger) Behinderung in den Medien, am Beispiel der Talkshow von Günther Jauch „Mit Downsyndrom aufs Gymnasium – freie Schulwahl für behinderte Kinder?", vom 18.5.2014 (vergl. Punkt. 2.1. auf den Seiten 2ff. in: Trescher/Börner, 2016) fordern die Autoren Hendrik Trescher und Michael Börner „das noch immer dominante Bild des kindlich-defizitären Andersartigen aufzubrechen" (2016, 8) und einzelne (geistig) Behinderte nicht als „überbegabte Sonderfälle" zu inszenieren. Sie stellen fest: „Auch dem medialen Umgang mit geistiger Behinderung kommt eine bedeutsame Rolle zu. Über die entsprechende Ausgestaltung der Produktionen erscheint es prinzipiell möglich, die Kluft zwischen beiden Lebenswelten zu verringern und beidseitige Ängste und Unsicherheiten tendenziell abzubauen. Denn auf die gleiche Art und Weise, in der die hier analysierte Sendung traditionelle Konstruktionen von geistiger Behinderung aufgegriffen und innerhalb des Diskurses reproduziert hat, bestünde die Möglichkeit, dass durch mediale Produktionen ebendiese Konstruktionen aufgebrochen oder zumindest gestört werden. Durch die Inszenierung von ‚Gegenbilder[n]' (…) bergen die Medien ein besonderes Potential, um zur Dekonstruktion von geistiger Behinderung beizutragen. So könnten sie zum Beispiel Prozesse ‚der Unsichtbarmachung, der stigmatisierenden Hervorhebung, der Normalisierung oder der Auslöschung' (…) thematisieren" (dies., 8).

Zum Zugang zu Medien „existieren nur inoffizielle Statistiken zu Videotext-Untertitelungen und Audiodeskriptionen im deutschen Fernsehen. So war die ARD mit einem Anteil von 93 Prozent und das ZDF mit 77 Prozent an untertitelten Filmen im Februar 2014 führend, während andere TV-Sender deutlich seltener untertiteln. Erheblich ungünstiger fällt die Quote bei der Gebärdensprachdolmetschung aus, und 2010 wurden im Schnitt ganze zwei Filme je Tag mit Audiodeskription gesendet" (Palleit/Kellermann, 2015, 279).

Menschen mit einer kognitiven Behinderung sind in den sozialen Medien kaum vertreten. Allein in Europa gibt es 1,5 bis zwei Millionen Menschen mit einer schweren Lern- oder geistigen Behinderung und zwischen drei und 3,7 Millionen mit leichteren Lern- oder geistigen Beeinträchtigungen. Weil viele Web-Entwickler keine Menschen mit Behinderung kennen oder sich nicht in deren Bedürfnisse hineinversetzen können, ist ein barrierefreies Angebot im Netz technisch unzureichend realisiert. Doch es gibt einige Projekte – wie z.B. „home" -, die eine leicht verständliche Unterstützung für die digitale Kommunikation bieten. Allerdings schrecken – vor dem Hintergrund einer besonderen Verletzlichkeit – Berichte über ungeschützte Privatsphären, Cyber-Mobbing oder Facebook-Parties diese Zielgruppe vor der Nutzung sozialer Medien ab. Und tatsächlich sind ganz reale Schwierigkeiten zu sehen: „Manche haben Probleme, komplexere Sätze zu lesen oder zu schreiben und sind auf Leichte Sprache angewiesen. Andere können nicht schreiben und benötigen Grafiken und Symbole, um zu kommunizieren und interagieren" (Klippstein, vermutl. 2015). Schließlich werde einige weniger Fotos verschicken wollen und viel lieber selbst gemalte Bilder versenden möchten.

3.7. Sport

Im Sport ist eine „separierende Inklusion" sehr ausgeprägt. Man erfindet Wettbewerbe, „die Behinderten in gleicher Weise globalen Leistungsvergleich zugänglich machen, wie dies zunächst nur für Nichtbehinderte möglich war. Einzelne behinderte Sportler können heute in Ansehen und Bewunderung mit nichtbehinderten Sportlern konkurrieren" (Stichweh, 2013, 4). Und dennoch ist die Erfindung separierender Formen der Inklusion im Sport umstritten. „Immer mehr behinderte Sportler reklamieren die Partizipation am Leistungssport der Nichtbehinderten. (...) Manche von ihnen erhalten speziellen ‚support' (an der Seitenlinie stehende ‚Dolmetscher' für taube Tennisspieler); andere ziehen Niederlagen den als unecht empfundenen Siegen über andere Behinderte vor (....); dritte versuchen die Behinderung durch unbändigen Leistungswillen zu kompensieren (...)" (ders., 4f.). Die Paralympischen Spiele erhalten seit 2012 einen Platz zu den Hauptsendezeiten und finden beim Fernsehpublikum Beachtung. „Als ein Meilenstein ist zu werten, dass die Medaillenprämien bei den paralympischen Winterspielen in Sotchi 2014 erstmals denen der bei den Olympischen Spielen vergebenen Medaillen entsprachen" (Palleit/ Kellermann, 2015, 282).

Neben dem Blick auf eine leistungssportorientierte Perspektive auf Menschen mit Behinderung sollte der Blick auch auf den Freizeit- und Breitensport als Ort der Inklusion fallen, denn eine Erhöhung der allgemeinen Leistungsfähigkeit durch diese Sportmöglichkeiten wirkt sich auch auf den Alltag dieser Menschen mit Behinderungen aus, „indem sie durch die im Sport trainierten und teilweise neu erworbenen Fähigkeiten leistungsstärker und somit auch selbstständiger werden" (Adomßent, 2016, 94). Sportlich aktive Menschen mit Behinderungen werden, auch im Alltag, als leistungsfähiger erkannt und dadurch anerkannt und wertgeschätzt (vgl. ders., 94). Und die Verbesserung der Leistungsfähigkeit im und durch den inklusiven Sport wirkt auch auf die Wahrnehmung von Menschen mit Behinderungen in der Gesellschaft aus und stützt das Fortschreiten der allgemeinen Inklusionsanstrengungen (vgl. ders.). Deswegen sollte flächendeckend Menschen mit Behinderungen ein Zugang zu den freizeit- und breitensportlichen Angeboten gewährt werden.

„Der Freizeit- und Breitensport beinhaltet verschiedene Möglichkeiten sportlich aktiv zu werden. Wenig kompliziert ist, sich mit Freunden und Bekannten an einem beliebigen Ort zu verabreden oder auch einen beliebigen Ort aufzusuchen und dort mit Menschen, denen man begegnet, sportlich aktiv zu werden. Ein ‚Bolzplatz' oder das Beachvolleyballfeld im Freibad können solche Orte sein. Dort kann Inklusion unkommentiert einfach funktionieren und (können R.M.) Anpassungen ohne komplizierte Regelungen und Absprachen einfach aus der Situation heraus erfolgen. Die Freude an der gemeinsamen Aktivität rückt dabei vollständig in den Vordergrund" (….). (Absatz herausgenommen R.M.) „Weiterhin sind auch kommerzielle Anbieter dem nichtorganisierten Sport zuzuordnen. Dieser beinhaltet private Sportschulen, Fitnessstudios, Sportgeräteverleihe (wie z.B. auch ein Bootsverleih, Betreiber einer Bowling- oder Kegelbahn, etc.) und weitere vorstellbare, bis hin zu nahezu unvorstellbaren Angeboten im Sinne innovativer Geschäftsideen (z.B. Teambikes, Conferenzbikes und sogenannte Bierbikes). Die Nachfrage bestimmt hierbei das Angebot. In weniger stark besiedelten Gebieten, also dem ländlichen Raum Deutschlands, wird ein inklusives Sportangebot von geringeren Personenzahlen nachgefragt, so dass auf kommerzieller Ebene hier kein oder nur geringes Interesse an einer Umsetzung besteht." (Absatz herausgenommen R.M.) „Im Sinne der Schaffung eines verlässlichen und flächendeckenden inklusiven Sportangebots im Sinne von Anneken/Schliermann/Abel (2014) fällt so die Aufgabe zur Umsetzung eines entsprechenden Angebotes den Sportvereinen zu. Selbst behinderungsspezifische Angebote z.B. eines Behindertensportvereins oder eine Behindertensportabteilung eines regulären Sportvereins bedienen das Prinzip der Nachfrage, welches für weniger stark besiedelte ländliche Regionen gerade als hinderlich ausgemacht wurde. Hier verbleibt die Öffnung der Angebote von Regelsportvereinen letztlich als Möglichkeit dafür, dauerhaft und flächendeckend durch Inklusion allen Menschen ein ihrem Interesse entsprechendes Angebot für sportliche Aktivität zu ermöglichen" (Adomßent, 2016, 96).

3.8. Ehrenamt/bürgerschaftliches Engagement

Annett Melzer meint, dass behinderte Menschen sich engagieren können und auch wollen. „Aber oft wissen sie nicht, wie sie es machen können, in welchem Umfang sie den ‚Fuß reinkriegen' in ein Ehrenamt. Sie brauchen erst mal Zuspruch, um etwas Neues auszuprobieren, wo man nicht genau weiß, wo es dann hingeht" (in: Freiwilligen-Agentur Halle-Saalkreis e.V., 2016, 6).

Für die Herangehensweise von Anbietern von Ehrenamtsplätzen ist es besser und werden jene für behinderte Mit-Menschen aufgeschlossener, wenn nicht so sehr von Defiziten, sondern vielmehr von besonderen Fähigkeiten gesprochen wird (vgl. Axel Schmiedel in: Freiwilligen-Agentur Halle-Saalkreis e.V., 2016, 7). Und Behinderte sollen nicht so sehr als diejenigen gesehen werden, die Hilfe nötig haben, sondern vielmehr Helfende sein können.

Ehrenamtliche Behinderte in Einrichtungen bringen eine besondere Kompetenz mit, damit Fußballstadien, Konzerthäuser, Bahnhöfe etc. barrierefreier werden können. Sie könnten hier kompetente Berater*innen, Organisatoren*innen und Motivatoren sein (vgl. hier Werner Grabaum in: Freiwilligen-Agentur Halle-Saalkreis e.V., 2016, 11).

Ehrenamtliche Behinderte können Freizeit- und Unterstützungsangebote im Dritten Sozialraum möglich werden lassen, indem z.B. Telefondienste abgedeckt werden, ein Café-Betrieb ermöglicht wird bzw. Kulturangebote organisiert und umgesetzt werden können. Die Werkstattkirche in Gießen zeigt in Anfängen, was da möglich sein könnte.

Hier nun ein Inklusionsbeispiel aus der Bahnhofsmission (BM) – Elmshorn (vgl. Diakonie Rantzau-Münsterdorf, 2014). Dort arbeiteten seit Oktober 2013 ehrenamtlich zwei Rollstuhlfahrerinnen. Dazu wurden eine Rampe installiert und Möbel verrückt. Die Haltung ist bei der Inklusion ebenso wichtig: „Jeder von uns hat seine Gaben und seine Schwächen", sagt Leiterin Wiebke Turkat. Zu dieser Haltung wird in der Informationsbroschüre zur BM-Arbeit näherhin erläutert: „Manch einer kann gut den Hublift bedienen, ist aber mit dem Führen der Statistik überfordert. Anderen macht die Büroarbeit Spaß, aber sie kommen mit den manchmal fordernden Hilfesuchenden nicht zurecht.

Und nicht alle haben die gleiche Fähigkeit, sensibel Gespräche zu führen" (S. 4). Damit das Ehrenamt auch gut realisiert werden kann, muss die Teilnahme der (behinderten) Ehrenamtlichen an Fortbildungen gut organisiert sein rsp. die Barrierefreiheit des Veranstaltungsortes abgeklärt werden. Auch mit den Erkrankungen, wie z.B. Multiple Sklerose (MS), angemessen umzugehen, gehört zur Inklusion dazu. Langfristige Planungen sind deswegen beispielsweise nicht möglich, und dennoch wird der Platz im Team freigehalten (vergl. S. 6). Innerhalb der Grenzen der behinderten Mitarbeiterinnen sind Handlungsperspektiven zu entdecken – z.B. der Spielraum für Beratungsgespräche (S. 8) oder die Schreibtischarbeit (S. 7).

Das Ehrenamt ist für Behinderte wichtig, denn sie haben den Wunsch nach Kontakten, wollen Ideen in die Gestaltung der Gesellschaft einbringen, den Tag und die Woche strukturieren und wollen gebraucht werden.

Es beginnt sich eine „Infrastruktur" aufzubauen, die bürgerschaftliches Engagement von dieser Zielgruppe fördern will. Die "Stiftung Mitarbeit" (https://www.buergergesellschaft.de/mitgestalten/handlungsfelder/themen/....) weist auf zwei Projekte hin – ich zitiere von der homepage:

„Das Projekt ‚mittenmang' verfolgt das Ziel, Engagement im Kontext der eigenen Lebensbewältigung zu organisieren. Es werden insbesondere ‚Rausgekickte' (z.B. sozial isolierte Langzeitarbeitslose) und ‚Stigmatisierte' (psychisch, körperlich und kognitiv Beeinträchtigte) bei ihrem freiwilligen Engagement für andere unterstützt. Die Freiwilligen werden an den Engagement-Bereich herangeführt und übernehmen Aufgaben, die ihren individuellen Bedürfnissen und Möglichkeiten entsprechen. Durch diese Vorgehensweise wird der Defizit-Ansatz überwunden und (werden R.M.) stattdessen die vorhandenen Ressourcen der Freiwilligen in den Blick genommen. Außerdem werden die Engagierten mit ergänzender politischer Bildung in ihrer bürgerschaftlichen Identität und ihrem politischen Selbstbewusstsein gestärkt" (vgl. Nicole D. Schmidt/Petra Knust: mittenmang dabei! Bürgerschaftliches Engagement als Chance).

„Auch das Projekt ‚Selbstverständlich Freiwillig' des Diakonischen Werks Hamburg arbeitet daran, beeinträchtigte Menschen in Engagement zu bringen. Das Projektteam berät Freiwilligenagenturen und

Freiwilligenmanager/innen in den Einsatzorten. Es lädt beeinträchtigte Menschen dazu ein, in Workshops auszuloten, ob und was an freiwilliger Tätigkeit zu ihnen passen könnte. Und es betreibt Öffentlichkeitsarbeit: z.B. mit dem Praxisleitfaden ‚Engagement von Menschen mit Behinderungen'. In diesem geben die Verantwortlichen ihre Erfahrungen mit dem Projekt weiter und stellen Fachkolleg/innen praxiserprobte Arbeitsmaterialien – teils in Leichter Sprache – zur Verfügung".

Das Land Niedersachsen startete 2019 mit dem Assistenzleistungsfonds, um für die ehrenamtliche Tätigkeit erforderliche Unterstützungsleistungen finanzieren zu können. Für das Haushaltsjahr 2019 stellte das Land Haushaltsmittel in Höhe von 200.000 Euro zur Verfügung. Für das Jahr 2020 wurden Mittel in Höhe von 420.000 Euro anvisiert. Eine individuelle Unterstützung bis zu 2.000 Euro im Jahr soll möglich sein (https://www.ms.niedersachsen.de/startseite/service_amp_kontakt/presseinformationen/neuer-fonds-fur-menschen-mit-behinderung-die-Verantwortung-im-ehrenamt-ubernehmen-180167.html abgerufen am 26.03.2020).

Hofmann u.a. (2016, 320) weisen noch darauf hin, dass feste Absprachen, klare Verantwortlichkeiten und Ansprechpartner*innen notwendig sind, damit bei der Inklusion von Menschen mit Behinderung in die ehrenamtliche Arbeit bzw. in das bürgerschaftliche Engagement sich alle gut orientieren können. Die Absprachen sollten schriftlich fixiert werden, wo notwendig mit Symbolen und Piktogrammen ergänzt werden. „Haftungsfragen und Fragen zur Aufsichtspflicht müssen bei Ehrenamtlichen mit Behinderungen, die oft auch unter gesetzlicher Betreuung stehen, gesondert im Blick gehalten werden, da für sie andere Regelungen gelten können" (dies, 320).

Aber auch diese Menschen müssen einer gewissen Professionalität genügen und sich dieser Ausbildung einer Professionalität stellen. Daher ist Menschen mit Behinderung von Beginn an deutlich zu machen, dass es zur eigenen Rolle gehört, (fachliches) Wissen sich anzueignen, die Fähigkeit zur Selbstreflexion aufzuweisen, ein umsichtiges Verhalten einzuüben und sich auf den Wertekanon der Einrichtung, die das Ehrenamt zur Verfügung stellt, einzulassen. Aber auch ein Bekenntnis zur Teamfähigkeit, zum produktiven und gewaltfreien Umgang mit Konflikten, zum Perspektivenwechsel sowie zur Zuverlässigkeit, Fairness, Integrität, Redlichkeit, Ehrlichkeit und Offenheit reichern die

Professionalität von Menschen mit Behinderung im Ehrenamt an (vgl. dies. 321).

Die Praxis zeigt, dass bei der Inklusion von Menschen mit Behinderung im Ehrenamtsbereich „Tandem-Teams" zu bilden, sehr hilfreich ist: „Je eine_e Ehrenamliche_r mit und ohne Behinderung übernehmen gemeinsam eine Aufgabe". In diesen Zweierteams kann man sich beraten, Aufgaben delegieren, Verhaltensgewohnheiten überprüfen (vgl dies., 321)..

3.9. Behinderung und Demokratie

Ziel der UN-BRK ist es „dass Menschen mit Behinderungen gleichberechtigt mit anderen wirksam und umfassend am politischen und gesellschaftlichen Leben teilhaben können" (Bundesministerium für Arbeit und Soziales in: Wansing, 2015, 47). „So nützt zum Beispiel einem Rollstuhlfahrer die uneingeschränkte Anerkennung des Wahlrechts wenig, wenn Wahllokale nicht barrierefrei zugänglich sind, und ein Mensch mit Lernschwierigkeiten (sogenannte geistige Behinderung) benötigt politische Informationen in Leichter Sprache, um sein Wahlrecht verwirklichen zu können" (dies., 48). Letzterer Aspekt trägt zu einer „erweiterten" Inklusion bei: „So profitieren zum Beispiel von öffentlicher Information und Kommunikation in Leichter Sprache nicht nur Menschen mit kognitiven Beeinträchtigungen, sondern auch Menschen mit geringer politischer Bildung und schlechten Kenntnissen der deutschen Sprache" (dies., 52).

„In Deutschland sind in dieser Hinsicht in den vergangenen Jahren einige Verbesserungen zugunsten von Menschen mit Behinderungen erzielt worden. So können sich Wähler_innen mit Behinderungen etwa bei der Stimmabgabe einer Hilfsperson bedienen oder mithilfe einer Stimmzettelschablone wählen. Erst unlängst wurde die Bundeswahlordnung im Vorfeld der letzten Bundestagswahlen nochmals geändert, um die Stimmzettel und Briefwahlunterlagen auch für sehbeeinträchtigte Wähler_innen lesbarer zu machen. Außerdem soll seit Inkrafttreten der Änderungsverordnung im Mai 2013 aus den Wahlbenachrichtigungen hervorgehen, wo Informationen über barrierefreie Wahllokale und Hilfsmittel erhältlich sind. Auch im Hinblick auf die

Zugänglichkeit von Wahlinformationen hat sich einiges getan, etwa indem immer mehr Wahlprogramme der Parteien auch in Leichter Sprache zur Verfügung stehen" (Palleit/Kellermann, 2015, 277).

Aber Demokratie ist umfassender. Hier formulieren die Autoren Palleit und Kellermann einen noch weitergehenden Aufgabenkatalog: So müssen Menschen mit Behinderung in politischen Parteien stärker repräsentiert sein. Ihre Stimme darf nicht nur zu „behindertenpolitischen" Themen gefragt werden, vielmehr sind sie in den Querschnitt aller Fragestellungen einzubeziehen. Online-Partizipationsverfahren ist eine größere Geltung zu verschaffen. Dazu treten muss der größtmögliche Verzicht auf Amtsdeutsch und eine politische Herrschaftssprache. Barrierefreie Parteibüros und Versammlungsräume sind zu realisieren (vergl. dies., 278).

4. Kapitel: Inklusion als Leitbild auf dem Weg zu einer Gesellschaft mit den Armen[24]

Der erste Schritt zu dem in Anschlag bringen des Inklusionsansatzes bei den Armen ist da zu finden, wo erkannt wird, dass es einen starken Zusammenhang zwischen Behinderung und Armut gibt. „Durch Unterernährung, Umweltverschmutzung, mangelhafte vor- und nachgeburtliche Betreuung von Müttern, mangelnde Impfungen, Infektionskrankheiten und Wasserverschmutzung" (Felder/Schneiders, 2016, 72) kommt es verstärkt zu Behinderungen. Inklusionsarbeit wäre also präventiv über die Armutsbekämpfung zu leisten. Ein Inklusionsansatz, der nicht entschieden darauf schaut, wie Armut vermieden wird, wie Armut ausgerottet wird, der zeigt auch kein wirkliches Interesse behindertem Leben zur Seite zu stehen (vgl. als Beispiel hierfür Mierzwa, 2017 und 2018b mit den Ausführungen zur „Vorrangigen Option für die Armen" und zur „Inklusion" zugleich).

Schließlich ist zusätzlich zu sehen, dass Menschen mit Behinderungen nach wie vor ein höheres Armutsrisiko haben als Menschen ohne Behinderungen (vgl. Mogge-Grotjahn, 2016, 144). Deswegen wird Inklusion und die „Option für die Armen" so zusammenzudenken sein, damit Inklusion zu so viel Teilhabe beiträgt, dass die Armutsphänomene aus dem Leben mit Behinderung verschwinden. Es gibt Menschen, bei denen Ungleichheitsrisiken, Diskriminierungen und Exklusionsmechanismen wechselseitig verschränkt/verwoben sind – etwa bei einer „Frau türkischer Herkunft mit Behinderung" (vgl. dies., 146). Darauf müsste Inklusion eine Antwort in Würde und Respekt finden. Hier können Modelle wie die „Claudius-Höfe" in Bochum eine Antwort liefern (vgl. dies., 153–155).

24 Dieser Abschnitt versteht sich auch ein wenig als Antwort auf die Kurzrezension von Mierzwa (2017) in der Theologischen Revue (6/2019, Sp. 525f.).

Dann aber werden mit dem erweiterten Inklusionsgedanken die Gesellschaft und die christliche Gemeinde zu einer nachhaltig im Sinne der Armen handelnden Gemeinde und Gesellschaft. Über den Inklusionsgedanken finden wir sehr stark zu einer wertschätzenden Anerkennung der „Armen" (vgl. Jähnichen, 2018, 467) und es wird achtsamer und aufmerksamer und mit einer größeren Nah-Beziehung auf die Verletzungen und Verstümmelungen der „Armen" infolge von „Armut" eingegangen, infolgedessen eine Schwachheit und Gebrochenheit besteht (vgl. Coenen-Marx, 2017, 269). Arbeitslose machen Erfahrungen der Missachtung, Demütigung, Verachtung sowie der Scham unter Ausgrenzungs- und Exklusionsprozessen in der Gesellschaft (vgl. Mierzwa, 2018b, 1–22), so dass hier ein großes Bedürfnis nach Teilhabe, Zugehörigkeit und Integration besteht. Mit der Sozialkirche, der Werkstattkirche und den Vesperkirchen (vgl. Mierzwa, 2020a, 91–102) werden hier gute Erfahrungen gesammelt. Den Weg der Inklusion zu gehen, das bedeutet „mentale" Barrieren gegenüber z.B. Alkoholikern, körperlich und geistig Behinderten, HIV-Positiven, ehemals Strafgefangenen, Wohnungslosen etc. abzubauen. Und man wird sich eingestehen müssen, dass es neben Momenten der Freude, auch viele anstrengende Momente gibt. Inklusion braucht Geduld und Ausdauer und auch ein wenig Glück (vgl. Pfeiffer, 2017, 43–64). Mit dem Weiterdenken der „Vorrangigen Option für die Armen" über die „Option für die Anderen" (nach E. Lévinas) hin zu einer „Option für die Exkludierten" entsteht hier ein besonderer Handlungsspielraum, entsteht eine neue Verantwortlichkeit, ist man bereit an die „Lebensorte" zu gehen (vgl. Schäper, 2014, 60).

Inklusionsanstrengungen im Horizont von „Menschenwürde" stehen vor dem Hintergrund subjektiver Erfahrungen und Befindlichkeiten aus dem Leben „in" und „mit" Hartz IV in der Gesellschaft noch am Anfang. Das macht eine Studie deutlich (vgl. Denkfabrik – Forum für Menschen am Rande. Sozialunternehmen NEUE ARBEIT gGmbH, 2019). Die Inklusionsanstrengungen müssen sich besonders verwundeten und verwundbaren Schicksalen stellen und darf nicht nur die „guten Risiken" im Blick haben (vgl. Becker, 2015, 57). Die Inklusionsanstrengungen müssen einen Ausweg zeigen aus einer Wirtschaft, die auf Stärke, Effizienz und Leistung ausgerichtet ist. Inklusionsanstrengungen werden einen Ausweg aus der Bevormundung aufzeigen helfen müssen und einen Weg zu einer gewissen Autonomie von Hartz IV-Beziehern*innen anbahnen müssen. Aber letztlich werden die Inklusionsanstrengungen nur gelingen, wenn man aus einer gewaltfreien Kommunikation zum Verstehen der Hartz IV-Lebenslage gelangt.

Wenn Inklusionsanstrengungen verschränkt mit einer „Option für die Exkludierten“ sich dynamisieren, dann wird sich die Interaktion der „kirchlichen“ Vertreterinnen verändern, dann wird der „Raum“, der bisher im Blick der Gemeinde war, sich weiten und verändern, dann wird unser „Verhältnis“ zu allen Mit-Menschen sich wandeln, dann werden „Situationsdefinitionen“ neu werden, dann wird unsere „Sensibilität“ eine ganz andere sein, dann wird „Diakonie“ eventuell sehr stark im Mittelpunkt von dem Selbstverständnis von Kirche, Religion und Theologie stehen (vgl. Schäper, 2014, 64–65). Ein Beitrag von Gert Pickel (2018) zeigt noch, dass die Inklusionsorientierung noch nicht im Zentrum „christlich sozialer Orientierung“ steht.

Inklusion steht im Dienst einer solidarischen Haltung indem mittels Inklusionsbemühungen Klassengrenzen zu Behinderten überwunden werden, Grenzziehungen zu der konkurrierenden Marktklasse der Behinderten zurückgelassen werden und Ausschlüsse gegenüber der nationalen Staatsbürgerklasse der Behinderten aufgegeben werden. Unter der Inklusion beziehen sich **alle** Menschen aufeinander, „um die Erfahrung des Gemeinsamen zu machen“ (Lessenich, 2019, 101). Mit der Inklusion macht man nun die Erfahrung, „dass sich auch gesellschaftliche Dominanzbeziehungen überwinden lassen“ (ders.). Mit einer solidarischen Inklusion ist die Vorstellung verbunden, „dass auch mächtige und privilegierte Menschen sich von Dominanzkulturen distanzieren können“. Mittels einer Inklusionsorientierung vermögen sich „die Marktmächtigen und Staatsbürgerschaftprivilegierten im solidarischen Handeln von ihrem sozialen Dominanzanspruch“ (ders.) emanzipieren. Über Inklusion wird man also radikal solidarisch, weil man die in der Marktgesellschaft herrschenden Statuskonkurrenzen überwindet sowie die Exklusionsstrukturen der Staatsbürgergesellschaft aufbricht und im Grunde die ruinöse „Differenz“, in der sich die (bürgerliche) Gesellschaft zu den Behinderten (und anderen) befindet, auflöst (vgl. hier ders., 104). Damit hat die (solidarische) Inklusion immer auch einen Gegenüber, der diesen transformativen Prozess der Inklusion zu verhindern sowie zu behindern versucht. Insofern wird Inklusion zu einem gewissen Sinne kämpferisch sein müssen (vgl. hierzu auch Becker, 2015). Soll das Paradigma der Inklusion etwas verändern, so wird sie Widerstände zu überwinden haben. Der radikale Inklusionsansatz stellt die herrschende Verteilungsordnung und Berechtigungsordnung bei Beziehungen usw. in Frage, „was entsprechende Widerstände derjenigen provoziert, die unter gegebenen Bedingungen das Privileg der Berechtigung genießen" (vgl. das Zitat bei: Lessenich, 2019, 105). Das sind nicht nur die (vermeintlich) Leistungsstarken, die das gesellschaftliche Produktivvermögen für sich monopolisieren und in einer demokratischen Demokratie bei der Entscheidungshoheit über den gesellschaftlichen Produktionsprozess etwas „abgeben" beziehungsweise „teilen" müssten. Es sind auch diejenigen, die aus ihrer bürgerlichen Gleichgültigkeit gegenüber behindertem Leben sich herausbewegen müssten[25]. Und es sind die Vielen, die, in einer untergeordneten Stufe der gesellschaftlichen Hierarchie, nicht für ein „gerechtes Recht" für die Behinderten im Staat im Horizont der Menschenrechte eintreten. Man kann – im Begriff von Lessenich (vgl. ders., 2019, 106) – „die neofaschistische Rechte" auch als Gegner einer radikalen Inklusion betrachten.

25 Die zunehmende (gemeingefährliche) Gleichgültigkeit in der Gesellschaft thematisiert Sittler (2018, 221ff.).

5. Kapitel: Erfahrungshintergrund

Die Ausführungen zu Inklusion erfolgen nicht ohne einen persönlichen Erfahrungshintergrund. Meinen Zivildienst machte ich in den Praunheimer Werkstätten, eine Werkstatt für Behinderte, wie man damals sagte. Dabei hatte ich sehr unmittelbare Begegnungen mit behinderten Mitbürgern, in der Spielzeug-Produktion, bei der Verantwortung für die „Sportpause" oder auch über eine Freundschaft.

In Flensburg bin ich mit Novizin Susanne Post befreundet, die ein erwachsenes Kind mit Down-Syndrom hat (vgl. Stormarner Nachrichten 31.10/1.11.1999 und Freundin 26/2009 [Wahl zur Familien-Managerin des Jahres]). Erzählungen, die sehr nahe gehen und das punktuelle persönliche Erleben des heranwachsenden Kindes über 15 Jahre tragen zu einer Erweiterung meines „Wissens" über die Möglichkeiten von Inklusion bei.

Ich bin selbst aufgrund neurologischer Beschädigungen schwerbehindert – zunächst für mehrere Jahre mit 80 Prozent, nun nach einer gewissen Genesung dauerhaft mit 60 Prozent. Auf der Suche nach einer Erwerbsarbeit – mehrere Bewerbungsgespräche – sammelte ich persönliche Erfahrungen zum Thema Inklusion.

Aber dann erfolgten auch Gespräche mit Ulrich Bach (†) und Prof. DDr. Klaus Dörner, die Einsichten vertieften, zusätzliche Erkenntnisse lieferten und zu einer besseren Einschätzung des Themenfeldes beitrugen.

Eine Diakonisse, die sich um die gesellschaftliche Integration eines autistischen Mitbürgers bemüht und mir von den Erfahrungen dabei berichtet, rundet mein Wissen über Inklusion ab.

Martin Tertelmann vom Sozialunternehmen NEUE ARBEIT gGmbH Stuttgart, der mit Inklusionsfragen betraut ist, begutachtete eine erste Fassung des Beitrages und fand ihn gelungen.

Literatur

ADLOFF, Frank/HEINS, Volker M (Hg.). Konvivialismus. Eine Debatte, Bielefeld 2015

ADOMßENT, Björn: Gesundheitlicher Benefit sportlicher Aktivitäten von Menschen mit Behinderungen im Freizeit- und Breitensport. Zum Wandel des Sports von Menschen mit Behinderungen durch die Inklusionsbestrebungen Deutschlands nach Ratifizierung der UN-Behindertenrechtskonvention (Dissertation zur Erlangung des Doktorgrades der Sozialwissenschaftlichen Fakultät der Georg-August-Universität Göttingen), Göttingen 2016 unter https://ediss.uni-goettingen.de/bitstream/handle/11858/00-1735-0000-002B-7CE0-B/Dissertation%20Bj%c3%B6rn%20Adom%C3%9Fent.pdf?sequence=1 abgerufen am 26.03.2020

ANDRESEN, Sabine/GALIC, Danijla (unter Mitarbeit von Laura Digoh, Ezgi Erdogan und Selina Tschida): Kinder. Armut. Familie. Alltagsbewältigung und Wege zu wirksamer Unterstützung, Gütersloh 2015

ANGERMÜLLER, Johannes/BUCKEL, Sonja/RODRIAN-PFENNIG, Margit (Red.): Solidarische Bildung. Crossover: Experimente selbstorganisierter Wissensproduktion. Hg. v. Institut Solidarische Moderne, Hamburg 2012

ATTIA, Iman/KÖBSELL, Swantje/PRASAD, Nivedita (hg.): Dominanzkultur reloaded. Neue Texte zu gesellschaftlichen Machtverhältnissen und ihren Wechselwirkungen, Bielefeld 2015

BACH, Ulrich: Ohne die Schwächsten ist die Kirche nicht ganz. Bausteine einer Theologie nach Hadamar, Neukirchen-Vluyn 2006

BECKER, Uwe: Die Inklusionslüge. Behinderung im flexiblen Kapitalismus, Bielefeld 2015/2(2016)

DERS.: Inklusionsbarrieren – Anmerkungen zur drohenden Entpolitisierung eines Menschenrechtsprojekts, S. 157–173 in: DEGENER u.a. (Hg.), 2016

DERS.: Exklusionen im Inklusionszeitalter. Zur Ausgrenzungsdynamik gesellschaftlicher innenräume, 16 Seiten in: Zeitschrift für Inklusion-online.net 1/2017 unter: https://www.inklusion-online.net/index.php/inklusion-online/article/download/414/318 abgerufen am 20.03.2020

BECKER, Uwe/SEGBERS, Franz/WIEDEMEYER, Michael (Hg.): Logik der Ökonomie – Krise der Arbeit. Impulse für eine solidarische Gestaltung der Arbeitswelt, Mainz 2001

BERTEL, Ute: Das Beispiel der Stadt München: „*switch* – die andere Seite ©", S. 227–235 in: ROSENKRANZ/WEBER (Hg.), 2002

BORBONUS, René: Respekt! Wie Sie Ansehen bei Freund und Feind gewinnen, Berlin 2011/(12)2019

BRUHN, Lars/HOMANN, Jürgen/JUDITH, Christian/TEUFEL, Anja (Hg.): Inklusiver Arbeitsmarkt. Zwischen menschenrechtlichem Anspruch und vielfältigen Barrieren. Ein Arbeits-Markt für Alle! Es soll Inklusion auf dem Arbeits-Markt geben, Baden-Baden 2018

BUCHNER, Tobias/PFAHL, Lisa/TRAUE, Boris: Zur Kritik der Fähigkeiten. Ableism als neue Forschungsperspektive der Disability Studies und ihrer Partner_innen in: Zeitschrift für Inklusion-online.net 2/2015 unter: http://www.inklusion-online.net/index.php/inklusion-online/article/view/273 abgerufen am 27.03.2017

BUDDE, Jürgen/HUMMRICH, Merle: Reflexive Inklusion (Erschienen in: Zeitschrift für Inklusion 04/2013), 9 Seiten unter: http://bidok.uibk.ac.at/library/inkl-04-13-budde-reflexive.html abgerufen am 21.03.2020

CARMICHAEL, Mary (Deutsche Bearbeitung: Nicole Heissmann/Christoph Koch): Schneller, gesünder, schlauer, S. 148–154 in: STERN 16/2007 (s.a. Newsweek, Marck 26, 2007, S. 38ff.).

COENEN-MARX, Cornelia: Was ist gelingendes Leben? Zielvorstellungen und gesellschaftliche Wirklichkeit, S. 237–243 in: EURICH/LOB-HÜDEPOHL (Hg.), 2014

DIES.: Einzigartig Miteinander – Respekt und Kooperation in einer Gesellschaft der Vielfalt, 7 Seiten, 1.6.2015 unter: https://www.seele-und-sorge.de/?page_id=912 abgerufen am 26.02.2020

DIES.: Aufbrüche in Umbrüchen. Christsein und Kirche in der Transformation, Göttingen 2017

(XIV.) DALAI LAMA (Aus dem Englischen von Sabine von Minden): Mit dem Herzen denken, Frankfurt/Main 1993/2005

DERS. (Aus dem Englischen von Michael Wallossek): Mit weitem Herzen. Die Kraft des Mitgefühls stärken, Bielefeld 1999/2002/2017

DERS./EKMAN, Paul (ein Dialog) (Aus dem Englischen übersetzt von Matthias Reiss): Gefühl und Mitgefühl. Emotionale Achtsamkeit und der Weg zum seelischen Gleichgewicht (Mit einem Vorwort von Daniel Goleman), Heidelberg 2009/2011

DERS./DESMOND TUTU (& Douglas Abrams) (Aus dem amerikanischen Englisch übertragen von Helmut Dierlamm und Friedrich Pflüger): Das Buch der Freude, München 2016/(2)2019

DEDERICH, Markus: Inklusion und das Verschwinden der Menschen. Über Grenzen der Gerechtigkeit (Erschienen in: Behinderte Menschen, zeitschrift für gemeinsames Leben, Lernen und Arbeiten, Nr. 1/2013) unter: http://bidok.uibk.ac.at/library/beh-1-13-dederich-inklusion.html abgerufen am 21.03.2020

DERS.: Anerkennung und Vulnerabilität. Inklusionspädagogische Überlegungen in Anschluss an Butler und Levinas, 11 Seiten in: Zeitschrift für Inklusion-online.net 1/2020 unter: https://www.inklusion-online.net/index.php/inklusion-online/article/download/554/402 abgerufen am 20.03.2020

DEGENER, Theresia: Vom medizinischen zum menschenrechtlichen Modell von Behinderung. Konzepte für Behindertenrecht und -politik, S. 155–168 in: ATTIA/KÖBSELL/PRASAD (Hg.), 2015a

DIES.: Die UN-Behindertenrechtskonvention – ein neues Verständnis von Behinderung, S. 55–74 in: DEGENER/DIEHL (Hg.), 2015b

DIES./DIEHL, Elke (HG.): Handbuch Behindertenrechtskonvention. Teilhabe als Menschenrecht – Inklusion als gesellschaftliche Aufgabe, Bonn 2015

DIES:/EBERL, Klaus/GRAUMANN, Sigrid/MAAS, Olaf/SCHÄFER, Gerhard K. (Hg.): Menschenrecht Inklusion. 10 Jahre UN-Behindertenrechtskonvention. Bestandsaufnahme und Perspektiven zur Umsetzung in sozialen Diensten und diakonischen Handlungsfeldern, Göttingen 2016

DENKFABRIK – FORUM FÜR MENSCHEN AM RANDE. SOZIALUNTERNEHMEN NEUE ARBEIT gGMBH (Hg.): Unerhört! Langzeitarbeitslose Nichtwähler melden sich zu Wort, Stuttgart 2019

DIAKONIE RANTZAU-MÜNSTERDORF (Hg.): Nächste Hilfe: Bahnhofsmission Elmshorn. Heft der Bahnhofsmission Elmshorn zum Schwerpunktthema Inklusion, Elmshorn 2014

DYCKERHOFF, Valentin: Behinderung und Gerechtigkeit. Demokratische Gleichheit für die gerechtigkeitstheoretische Inklusion von Menschen mit Schädigungen auf der Basis eines interaktionistischen Modells von Behinderung, Working Paper Nummer 2 Arbeitsbereich Politische Theorie und Ideengeschichte der Freien Universität Berlin, 71 Seiten, April 2013 unter: https://refubium.fu-berlin.de/bitstream/handle/fub188/18758/Dyckerhoff_Working_Paper.pdf;jsessionid=94B259DA27B82D1D1D4CA50E5EDF9E4A?sequence=1 abgerufen am 21.03.2020

EIBACH, Ulrich: „Die dunkle Nacht der Seele". Über Seelenfinsternis und Gottesfinsternis, S. 9–14 in: Psychotherapie & Seelsorge 1/2007

EKD (Rat der) (Eine Orientierungshilfe): Es ist normal, verschieden zu sein: Inklusion leben in Kirche und Gesellschaft, Gütersloh (2)2015

ENGELKE, Matthias-W.: Zelt der Friedensmacher. Die christliche Gemeinde in Friedenstheologie und Friedensethik, Norderstedt 2019

EURICH, Johannes/LOB-HÜDEPOHL, Andreas (Hg.): Behinderung – Profile inklusiver Theologie, Diakonie und Kirche, Stuttgart 2014

EURICH, Johannes/KAUFMANN, Dieter/KELLER, Urs/WEGNER, Gerhard (Hg.): Ambivalenzen der Nächstenliebe. Soziale Folgen der Reformation, Leipzig 2018

FÄRBER, Christiane: Burnout in modernen Arbeitsverhältnissen, S. 101–111 in: PICKSHAUS/SCHMITTHENNER/URBAN (Hg.), 2001

FELDER, Marion/SCHNEIDERS, Katrin: Inklusion kontrovers. Herausforderungen für die Soziale Arbeit, Schwalbach/Ts. 2016

von FERBER, Christian: Arbeit, Gesundheit und Krankheit, S. 291–300 in: UEXKÜLL, 1996

FLAMM, Stefanie: Down-Syndrom gehört dazu, 6 Seiten in: DIE ZEIT Nr. 24/2017, 8. Juni 2017 unter: https://www.zeit.de/2017/24/down-syndrom-behinderung-inklusion-deutschland/komplettansicht?print abgerufen am 28.03.2020

FREIWILLIGEN-AGENTUR HALLE-SAALKREIS e.V. (Hg.): überall dabei – Ehrenamt barrierefrei. Erfahrungen und Tipps zum Engagement von Menschen mit Behinderung, Januar 2016

FREY, Dieter (Hg.): Psychologie der Werte. Von Achtsamkeit bis Zivilcourage – Basiswissen aus Psychologie und Philosophie, Heidelberg 2016

FUCHS, Ottmar: Inklusion als theologische Leitkategorie!, S. 12–36 in: EURICH/LOB-HÜDEPOHL (Hg.), 2014

GENSICKE, Thomas: Freiwilliges Engagement in den neuen und alten Bundesländern, S. 83–95 in: ISAB, 2001

GRAF, Friedrich Wilhelm: Die geschichtliche Rolle von Religion im Modernisierungsprozess der Wirtschaft, S. 567–596 in: HANDBUCH DER WIRTSCHAFTSETHIK (Band 1), 1999(a)

DERS.: Der Stellenwert der Religion im Globalisierungsprozess moderner Wirtschaft. Christentum, S. 627–669 in: HANDBUCH DER WIRTSCHAFTSETHIK (Band 1), 1999(b)

GRAF STRACHWITZ, Rupert: Zivilgesellschaft und Engagement konvivialistisch gedacht, S. 59–70 in: ADLOFF/HEINS (Hg.), 2015

GRAUMANN, Sigrid: Menschenrechtsethische Überlegungen zum notwendigen Paradigmenwechsel im Selbstverständnis von Sozialpolitik und sozialen Diensten, S. 52–73 in: DEGENER u.a. (Hg.), 2016

GREMMELS, Christian: Art. „Arbeit“, Sp. 237–244 in: EVANGELISCHES KIRCHENLEXIKON (1. Band), 1986

DERS.: I. Entfaltung. Arbeit und Beruf im Protestantismus, S. 33–43 in: PFÜRTNER u.a., 1988

HARTMANN, Kathrin: Wir müssen leider draussen bleiben. Die neue Armut in der Konsumgesellschaft, München 2(2012)

HERBST, Alexander: Die Inklusionsdebatte. Argumentationen entlang von Menschenrechten und Ökonomisierung (Wissenschaftliche Hausarbeit zur ersten Staatsprüfung für das Lehramt an Förderschulen, Sachsen-Anhalt), 27 Seiten, 2015 unter http://bidok.uibk.ac.at/library/herbst-inklusionsdebatte.html abgerufen am 21.03.2020

HOFERT, Svenja: Jeder gegen jeden. Der neue Klassenkampf in den Unternehmen, Heidelberg 2006

HOFMANN, Beate/MAAS, Olaf/SOMMER-LOEFFEN, Karen/STOPPIG, Christine: Professionalität und ehrenamtliches Engagement – neue Perspektiven durch Inklusion; S. 308–324 in: DEGENER u.a. (Hg.), 2016

HONDRICH, Karl Otto/SCHUMACHER, Jürgen/ARZBERGER, Klaus/SCHLIE, Frank/STEGBAUER, Christian (unter Mitarbeit ...): Krise der Leistungsgesellschaft? Empirische Analysen zum Engagement in Arbeit, Familie und Politik, Opladen 1988

HÖPPNER, Reinhard: Arbeit aus, alles aus? Politik am Ende der Arbeitsgesellschaft, 2005

HUBER, Wolfgang/MEIREIS, Torsten/REUTER, Hans-Richard (Hg.): Handbuch der Evangelischen Ethik, München 2015

HÜBNER, Marlies: Gewalt gegen Menschen mit Behinderung: Nur ein Missstand?, 15.06.2017 unter: https://www.robotinabox.de/gewalt-gegen-menschen-mit-behinderung-nur-ein-missstand/ abgerufen am 26.03.2020

HÜTHER, Gerald: Würde. Was uns stark macht – als Einzelne und als Gesellschaft, München 2019

ISAB (Institut für sozialwissenschaftliche Analysen und Beratung): Die Freiwilligen: das Sozialkapital des neuen Jahrhunderts. Förderpolitische Konsequenzen aus dem Freiwilligensurvey 1999. Fachtagung des Bundesministeriums für Familie, Senioren, Frauen und Jugend, Köln/Leipzig 2001

JÄHNICHEN, Traugott: Auf dem Weg zu einer Kirche mit den Armen?, S. 456–469 in: SCHÄFER/MONTAG/DETERDING (Hg.), 2018

KAL, Doortje: Kwartiermakersfestivals – Über die Sehnsucht nach Sichtbarkeit, S. 98–106 in: WITTIG-KOPPE u.a. (Hg.), 2010/2(2013)

von KARDOFF, Ernst: Gesellschaftliche Teilhabe psychisch kranker Menschen an und jenseits der Erwerbsarbeit, S. 129–139 in: WITTIG-KOPPE u.a. (Hg.), 2010/2013

KÄSTNER, Jana: Konkrete Inklusion. Menschen mit und ohne Behinderung gestalten gemeinsam ihren Kiez, S. 70–71 in: oya 31 – März/April 2015

KLIPPSTEIN, Timo: Social Media für Menschen mit Behinderung: Zwischen Neugier und Unsicherheit, vermutl. 2015 unter: https://medium.com/deutsch/social-media-f%C3%BCr-menschen-mit-kognitiver-behinderung-zwischen-neugier-und-unsicherheit-f83d6e533121 abgerufen am 26.03.2020

KÖNIG, Christina/LEONHARDT, Nico: Inklusives Wohnen. Einschätzung von Beteiligten und konzeptionelle Überlegungen, Masterarbeit an der Universität Leipzig 24.03.2015 unter: http://bidok.uibk.ac.at/library/leonhardt-wohnen-ma.html abgerufen am 28.03.2017

LESSENICH, Stephan: Grenzen der Demokratie. Teilhabe als Verteilungsproblem, Ditzingen 2019

LESSMANN, Ortrud: Konzeption und Erfassung von Armut. Vergleich des Lebenslage-Ansatzes mit Sens „Capability“-Ansatz, Berlin 2007

LINDNER, Lisa: Respekt, S. 167–175 in: FREY (Hg.), 2016

LITZCKE, Sven Max/SCHUH, Horst: Stress, Mobbing und Burn-out am Arbeitsplatz, Heidelberg 2005

LOB-HÜDEPOHL, Andreas: Vielfältige Teilhabe als Menschenrecht – ethische Grundlage inklusiver Praxis, S. 13–21 in: WITTIG-KOPPE u.a. (Hg.), 2010/2013

DERS.: Behinderung und Beratung – soziokulturelle Deutungsmuster als „*Kopf*-Barrieren" für gelingende Inklusion, S. 224–236 in: EURICH/LOB-HÜDEPOHL (Hg.), 2014

von LÜPKE, Johannes: Beziehung und Behinderung. Zur Frage nach Gott im Kontext des Lebens mit Behinderung, S. 37–53 in: EURICH/LOB-HÜDEPOHL (Hg.), 2014

LUTHER, Martin: Ausgewählte Werke (Band 2). Schriften des Jahres 1520, München 1948

DERS.: Von den guten Werken, S. 1–80 in: DERS., 1520/1948(a)

DERS.: Von der Freiheit eines Christmenschen, S. 267–287 in: DERS., 1520/1948(b)

DERS.: Der große Katechismus (1529). Die Schmalkaldischen Artikel (1537), Stuttgart 2(1977)

MARKOWETZ, Reinhard: Freizeit und Behinderung – Inklusion durch Freizeitassistenz, S. 54–72 in: Spektrum Freizeit 30 (2006) 2

MEIREIS, Torsten: Ethik des Sozialen, S. 265–329 in: HUBER/MEIREIS/REUTER (Hg.), 2015

MIERZWA, Roland: Soziale Aspekte des Leidens. Ästhetisch-exegetische, etymologische, medizinische, sozialwissenschaftliche und philosophische Aspekte, Norderstedt 2011

DERS.: Compassion – Zwischen Mit-Leid, Mitgefühl und Barmherzigkeit, Hamburg 2014

DERS.: Menschsein unter Mitmenschen: Strukturelemente einer Theorie der Solidarität, Erkelenz 2017

DERS.: Menschenwürde – aktuell, S. 7–10 in: 27. Rundbrief der Diakoniegemeinschaft, September 2018

DERS.: Die Realität von Hartz IV. Gegenwart und nachhaltige Perspektiven des Umgangs mit Armut, Baden-Baden 2018b

DERS.: Demokratie und Zivilgesellschaft, Baden-Baden 2018c

DERS.: Befreiungstheologie für Kinder. Solidarisch auf der Suche nach einem guten Leben, Baden-Baden 2019

DERS.: Strukturelle Gewalt überwinden. Mit der Reich Gottes-Theologie auf dem Weg zu einer geschwisterlichen Gesellschaft, Baden-Baden 2020a

DERS.: Gutes Arbeiten, das Zukunft hat. Eine Arbeitsethik, Berlin/Münster 2020b

MINISTERIUM FÜR SOZIALES, ARBEIT, GESUNDHEIT UND DEMOGRAFIE RHEINLAND-PFALZ (Hg.) (Autoren: Sr. Sven Fries/Prof. Dr. Thomas Meyer): Inklusion braucht Beteiligung. Gemeindeintegriertes Wohnen für psychisch beeinträchtigte Menschen – ein Handbuch, Mainz 2013

MOGGE-GROTJAHN, Hildegard: Intersektionalität: theoretische Perspektiven und konzeptionelle Schlussfolgerungen, S. 140–156 in: DEGENER u.a. (Hg.), 2016

MÖHRING-HESSE, Matthias (Hg.): Streit um die Gerechtigkeit. Themen und Kontroversen im gegenwärtigen Gerechtigkeitsdiskurs, Schwalbach/Ts. 2005

DERS.: Gut gegen richtig – Eine Debatte über die Grundlagen der Gerechtigkeit, S. 77–93 in: DERS. (Hg.), 2005 (a)b

NDJIMBI-TSHIENDE, Olivier: Und wenn Gott Schwarz wäre… Mein Glaube ist bunt!, Gütersloh 2017

NOTZ, Gisela: Die Rolle von Frauen und Männern im freiwilligen Engagement, S. 135–141 in: ISAB, 2001

OPASCHOWSKI, Horst W.: Wir werden es erleben. Zehn Zukunftstrends für unser Leben von morgen, Darmstadt 2002

OPPOLZER, Alfred: Was sind psychische Belastungen? Auswirkungen und Gestaltungserfordernisse, S. 84–100 in: PICKSHAUS/SCHMITTHENNER/URBAN (Hg.), 2001

PALLEIT, Leander/KELLERMANN, Gudrun: Inklusion als gesellschaftliche Zugehörigkeit – das Recht auf Partizipation am politischen und kulturellen Leben, S. 275–288 in: DEGENER/DIEHL (Hg.), 2015

PICKEL, Gert: Sind Christen sozialer? Empirische Daten zum Zusammenhang von kirchlicher Sozialisation und der Ausbildung von pro-sozialem Verhalten, S. 137–154 in: EURICH u.a. (Hg.), 2018

PICKSHAUS, Klaus/SCHMITTHENNER, Horst/URBAN, Hans-Jürgen (Hg.): Arbeiten ohne Ende. Neue Arbeitsverhältnisse und gewerkschaftliche Arbeitspolitik, Hamburg 2001

PFEIFFER, Ute: Mein Gott, Kirche! Warum sie wieder für UNS da sein muss, Berlin 2017

PFLUGER, Christoph: Die Ruhe vor dem perfekten Sturm, 20. März 2020, 16 Seiten unter: https://www.zeitpunkt.ch/index.php/die-ruhe-vor-dem-perfekten-sturm abgerufen am 24.03.2020

PFÜRTNER, Stephan H./u.a.: Ethik in der europäischen Geschichte II. Reformation und Neuzeit, Stuttgart/Berlin/Köln/Mainz 1988

PRINS, Sybille: Jetzt dürfen wir also mitspielen …, S. 140–153 in: WITTIG-KOPPE u.a. (Hg.), 2010/2013

RICHTER, Horst-Eberhard: Der Gotteskomplex, Hamburg 1979

DERS.: Die Krise der Männlichkeit in der unerwachsenen Gesellschaft, Gießen 2006

RITTERFELD, Ute/HASTALL, Matthias/RÖHM, Alexander: Menschen mit Krankheit oder Behinderung in Film und Fernsehen: Stigmatisierung oder Sensibilisierung? in: www.inklusion-online.net 4/2014 unter: http://www.inklusion-online.net/index.php/inklusion-online/article/view/248/239 abgerufen am 13.06.2016

RÖMISCH, Kathrin: Arbeit für Alle?! Aktionspläne zur Umsetzung der UN-Konvention für Arbeitgeber*innen aus der Perspektive der Disability Studies, S. 139–153 in: BRUHN/HOMANN/JUDITH/TEUFEL (Hg.), 2018

ROSENKRANZ, Doris/WEBER, Angelika (unter Mitarbeit von Andrea Möhringer) (Hg.): Freiwilligenarbeit. Einführung in das Management von Ehrenamtlichen in der Sozialen Arbeit, Weinheim/München 2002

RUHNKE, Dana: Leben mit Asperger oder der Wunsch nach einer Autismus-Binde, Seite 3 in: Flensburger Tageblatt 4.3.2020

SCHACHE, Stefan: Inklusion beginnt im „Bauch". Eine leibliche Begründung einer inklusiven Kultur, 15 Seiten in: Zeitschrift für Inklusion-online.net 4/2012 unter: https://www.inklusion-online.net/index.php/inklusion-online/article/down load/36/36?i.... abgerufen am 20.03.2020

SCHÄFER, Anke: Ich werde behindert! Eine etwas andere Sicht auf das derzeitige In-Wort „Inklusion", S. 60–61 in: oya 31 – März/April 2015

SCHÄFER, Gerhard K./MONTAG, Barbara/DETERDING, Joachim (Hg.): „Arme habt ihr immer bei euch": Armut und soziale Ausgrenzung wahrnehmen, reduzieren, überwinden, Göttingen 2018

SCHÄPER, Sabine: Inklusive Kirche – Kirche der Andersheiten?, S. 54–66 in: EURICH/LOB-HÜDEPOHL (Hg.), 2014

SCHIEDECK, Jürgen/STAHLMANN, Martin: Neoliberales Inklusionsregime. Über simulierte Inklusion und repressive Ent-Exkludierung, S. 78–86 in: WITTIG-KOPPE u.a. (Hg.), 2010/2013

SCHLIE, Frank: Die Vielfalt des Leistungsbegriffes, S. 50–67 in: HONDRICH/SCHUMACHER/u.a., 1988

SCHLINGSIEPEN-POGGE, Alexandra: Das Sozialethos der lutherischen Aufklärungstheologie am Vorabend der industriellen Revolution, Berlin/Frankfurt 1967

SCHMIDBAUER, Wolfgang: Das Helfersyndrom. Hilfe für Helfer, Hamburg 2007

SCHÖNIG, Bianca/KRAUß, Gunhild: „Corporate Volunteering".. Wenn Soziale Arbeit und Wirtschaft voneinander profitieren, S. 209–219 in: ROSENKRANZ/WEBER (Hg.), 2002

SCHULTHEIS, Franz/SCHULZ, Kristina (Hg.): Gesellschaft mit begrenzter Haftung. Zumutungen und Leiden im deutschen Alltag, Konstanz 2005

SCHULZ, Kristina: Glaube als Beruf. Einführung und Interview, S. 399–404 in: SCHULTHEIS/SCHULZ (Hg.), 2005

SENNET, Richard: Respekt im Zeitalter der Ungleichheit, Berlin 2004/(3)2010

SITTLER, Loring: Zur Zukunft des Altruismus; S. 215–225 in: EURICH u.a. (Hg.), 2018

SPIEGEL, Yorick: Wirtschaftsethik und Wirtschaftspraxis – ein wachsender Widerspruch?, Stuttgart/Berlin/Köln 1992

SPIEß, Christian: Anerkennungsbegriff und Inklusionsdiskurs. Behinderung als Herausforderung für die Sozialethik, 35 Seiten, Ethik und Gesellschaft 1/2014: Politik der Anerkennung unter: http://www.ethik-und-gesellschaft.de/mm/EuG-1-2014_Spiess.pdf abgerufen am 27.03.2020

SPITZER, Manfred: Vom Sinn des Lebens. Wege statt Werke, Stuttgart 2007

SPORK, Peter: Das Schlafbuch. Warum wir schlafen und wie es uns am besten gelingt, Hamburg 2007

STARK, H./ENDERLEIN, G./HEUCHERT, G./KERSTEN, N./WETZEL; A.-M.: Streß am Arbeitsplatz und Herz-Kreislauf-Krankheiten (Abschlußbericht), Dortmund/Berlin 1998

STEINHART, Ingmar: Der Weg zu einer inklusiven Gesellschaft – Herausforderung für alle; S. 67–77 in: WITTIG-KOPPE u.a. (Hg.), 2010/2013

STICHWEH, Rudolf: Inklusion und Exklusion in der Weltgesellschaft – am Beispiel der Schule und des Erziehungssystems in: www.inklusion-online.net 1/2013 unter: http://www.inklusion-online.net/index.php/inklusion-online/article/view/22/22 abgerufen am 13.06.2016

STOJANOV, Krassimir: Inklusion als Imperativ von (Bildungs-) Gerechtigkeit, 8 Seiten in: Zeitschrift für Inklusion-online.net 2/2019 unter: https://www.inklusion-online.net/index.php/inklusion-online/article/download/527/384 abgerufen am 20.03.2020

TERTELMANN, Martin/JANKE, Luise: „Warum habe ich meine Arbeit nicht geschafft? Weil der Körper einfach nicht mehr mitmacht.“ Krankheit macht arbeitslos. Arbeitslosigkeit macht krank, S. 84–99 in: DENKFABRIK – FORUM ….. (Hg.), 2019

TRENK-HINTERBERGER, Peter: Arbeit, Beschäftigung und Ausbildung, S. 105–117 in: DEGENER/DIEHL (Hg.), 2015

TRESCHER, Hendrik/BÖRNER, Michael: Repräsentanz und Subjektivität im Kontext geistiger Behinderung in: www.inklusion-online.net 1/2016 unter: http://www.inklusion-online.net/index.php/inklusion-online/article/view/341/285 abgerufen 09.06.2016

UEXKÜLL (Hg. von R.H. Adler/J.M. Herrmann/K. Köhle/O.W. Schoenecke/TH. von Uexküll/W. Wesiack): Psychosomatische Medizin, München/Wien/Baltimore 5(1996)

UNGER, Hans-Peter/KLEINSCHMIDT, Carola: Bevor der Job krank macht. Wie uns die heutige Arbeitswelt in die seelische Erschöpfung treibt und was man dagegen tun kann, München 2006

VICIANO, Astrid: Guter Arzt, kranker Arzt. Mediziner sollen helfen, trösten und Leben retten. Dabei ruinieren sie oft ihre eigene Gesundheit, S. 31f. in: DIE ZEIT 25.1.2007

VIEWEG, Barbara: Es soll einen Arbeits-Markt-für-Alle geben. Deshalb muss man Vieles anders machen, S. 98–138 in: BRUHN/HOMANN/JUDITH/TEUFEL (Hg.), 2018

VOGEL, Berthold: Ohne Arbeit in den Kapitalismus. Der Verlust der Erwerbsarbeit im Umbruch der ostdeutschen Gesellschaft, Hamburg 1999

WANSING, Gudrun: Was bedeutet Inklusion? Annäherungen an einen vielschichtigen Begriff, S. 43–54 in: DEGENER/DIEHL (Hg.), 2015

WEGNER, Gerhard: In der Arbeit zu Hause sein? Für eine Erneuerung des Verhältnisses von Kirche und Wirtschaft, Hannover 2002

WIEDEMEYER, Michael: Was ist los mit dem Arbeitsmarkt? Erhöhte Dynamik – vermehrte Divergenz, S. 29–50 in: BECKER/SEGBERS/WIEDEMEYER (Hg.), 2001

WITTIG-KOPPE, Holger/BREMER, Fritz/HANSEN, Hartwig (Hg.): Teilhabe in Zeiten verschärfter Ausgrenzung? Kritische Beiträge zur Inklusionsdebatte, Neumünster 2010/2(2013)

WOLTERS, Minka: Besonders normal. Wie Inklusion gelebt werden kann, Berlin 2014

WUNDER, Michael: Inklusion – nur ein neues Wort oder ein anderes Konzept?, S. 22–37 in: WITTIG-KOPPE u.a. (Hg.), 2010/2013

Danksagung

Zunächst einmal im Kontext dieser Untersuchung und Forschung eine besondere Danksagung vorweg. Es wird immer mal wieder in Veröffentlichungen berichtet, dass Menschen mit Behinderung Freunde verlieren bzw. es nicht zu „normalen" Freundschaften kommt. Hier bin ich dankbar, dass meine alten Freunde*innen weiterhin zu mir stehen und ich viele neue Freundschaften seit meiner Behinderung knüpfen konnte.

Dass ich mit meiner Behinderung so gut und lebenswert leben kann, verdanke ich auch ganz wesentlich der „neuen Familie" – der evangelisch-lutherischen Diakoniegemeinschaft zu Flensburg. Mit den Menschen darin – auch mit der Hausgemeinschaft – wurde es besser möglich, wieder ins Leben zurück zu kommen.

Von der Kommunität wird mir der Computerarbeitsplatz ermöglicht, erhalte ich von Mitgliedern finanzielle Unterstützung bei der Publikationstätigkeit, aber auch ideelle Unterstützung durch Gespräche, wodurch mein Forschen und Nachdenken konstruktiv angeregt wird. Es wird von Vielen eine große Wertschätzung gegenüber meiner wissenschaftlichen Arbeit entgegengebracht. Für alles dies bin ich sehr dankbar.

Aber dass sich der Lebensweg positiv entwickelte und ich nicht aus der Gesellschaft herausgefallen bin verdanke ich weiteren Personen: Dem ehemaligen Betreuer, der mich vor einer drohenden Wohnungslosigkeit/Obdachlosigkeit bewahrte; dem Neurologen, der Medikamente mit katastrophalen Nebenwirkungen absetzte oder Ärzten in Kliniken, die mir wertvolle Literatur zum Lesen und Aufarbeiten meiner Beschädigung/Erkrankung empfahlen beziehungsweise gaben.

Das Interesse des Tectum-Verlages an diesem Thema ist schön. Herzlichen Dank für die Solidarität mit diesem Projekt.

FSC
www.fsc.org
MIX
Papier | Fördert
gute Waldnutzung
FSC® C083411

Zeitfracht Medien GmbH
Ferdinand-Jühlke-Straße 7
99095 Erfurt, Deutschland
produktsicherheit@kolibri360.de